Gestão
Contábil
para **contadores**
e **não contadores**

EDITORA
intersaberes

Carlos Alberto de Ávila

Gestão contábil

para contadores e não contadores

EDITORA intersaberes

Rua Clara Vendramin, 58 . Mossunguê
CEP 81200-170 . Curitiba . PR . Brasil
Fone: (41) 2106-4170
www.intersaberes.com
editora@editoraintersaberes.com.br

Conselho editorial	Dr. Ivo José Both (presidente)
	Dr.ª Elena Godoy
	Dr. Nelson Luís Dias
	Dr. Neri dos Santos
	Dr. Ulf Gregor Baranow
Editora-chefe	Lindsay Azambuja
Supervisora editorial	Ariadne Nunes Wenger
Analista editorial	Ariel Martins
Preparação de originais	Tiago Marinaska
Capa	Stefany Conduta Wrublevski
Projeto gráfico	Raphael Bernadelli
Diagramação	Stefany Conduta Wrublevski
Iconografia	Danielle Scholtz

EDITORA AFILIADA

Foi feito o depósito legal.
1ª edição, 2012.

Dados Internacionais de Catalogação na Publicação (CIP)
(Câmara Brasileira do Livro, SP, Brasil)

> Ávila, Carlos Alberto de
> Gestão contábil para contadores e não contadores/Carlos Alberto de Ávila. – Curitiba: InterSaberes, 2012. (Série Gestão Financeira).
> Bibliografia.
> ISBN 978-85-8212-015-6
>
> 1. Contabilidade I. Título. II. Série.

12-07645	CDD-657

Índices para catálogo sistemático:
1. Contabilidade 657

A Gislaine, minha amada esposa.

*Todo o fruto do trabalho humano jamais será totalmente o resultado de
uma ação individual, pois vivemos em sociedade e necessitamos do auxílio
das pessoas que nos rodeiam. Neste momento, expresso meus sinceros
agradecimentos a todos que contribuíram, direta ou indiretamente, no
processo de construção desta obra.*

Hoje, apesar de pensar saber bastante, não aprendi ainda algo que seja eficiente e possa substituir o simples muito obrigado.

Rui Barbosa

Tudo tem seu tempo e até certas manifestações mais vigorosas e originais entram em voga ou saem de moda. Mas a sabedoria tem uma vantagem: é eterna.

Baltasar Gracián

Sumário

Apresentação • 15

Como aproveitar ao máximo este livro • 17

1

Contabilidade e seus conceitos • 21

2

Patrimônio • 41

Contas • 61

Contabilização • 97

Operações com mercadorias • 137

6

Demonstrações contábeis • 157

7

Introdução à análise
das demonstrações contábeis • 191

Para concluir... • 217

Referências • 219

Respostas • 223

Sobre o autor • 233

Apresentação

O objetivo da obra *Gestão contábil para contadores e não contadores* é proporcionar a você condições que lhe facilitem a compreensão do contexto teórico e prático no qual a contabilidade está inserida. Assim, utilizamos, na elaboração deste livro, o conhecimento adquirido ao longo de 20 anos de experiência na área contábil, aliado aos conceitos propostos pelos mais importantes autores desse ramo do conhecimento.

Iniciamos o conteúdo desta obra com a apresentação de um breve histórico da evolução da contabilidade no mundo e no Brasil e, na sequência, discorremos sobre os conceitos mais importantes da área contábil, como a finalidade da contabilidade, as técnicas apropriadas para sua utilização, seu campo de aplicação e suas principais nomenclaturas. Tratamos, ainda, do objeto da contabilidade – o patrimônio –, sobre o qual desenvolvemos um estudo mais aprofundado, apresentando as particularidades de sua constituição e sua evolução. Enfocamos as características das contas para o controle patrimonial e de resultado, expondo a estrutura dos grupos patrimoniais e de resultado, além de apresentarmos um modelo de plano de contas. Apresentamos, ainda, neste livro, modelos dos principais relatórios contábeis e de demonstrações financeiras exigidos por lei.

Além disso, demonstramos as técnicas de aplicação do método das partidas dobradas, no que se refere à utilização de débito e crédito no contexto contábil bem como os conceitos de atos e fatos administrativos no processo de contabilização dos acontecimentos. Discorremos sobre a escrituração como técnica contábil (elencando os principais livros utilizados por tal técnica); os princípios fundamentais de contabilidade; as operações com mercadorias, apresentando os principais tributos e contribuições sobre faturamento e sobre os outros ajustes necessários para o levantamento das demonstrações financeiras. Propomos, inclusive, um exercício sobre o uso do razonete no processo de aprendizagem de utilização do método das partidas dobradas, bem como das principais técnicas de controle dos estoques e cálculo do custo das mercadorias vendidas. Tratamos sucintamente também das principais formas de tributação, principalmente na esfera federal, além das noções básicas do processo de análise das demonstrações contábeis, com a finalidade de facilitar a interpretação das informações fornecidas pela contabilidade.

Esperamos que este livro venha contribuir para a sua formação profissional e para o atendimento das necessidades cotidianas inerentes às atividades da área de gestão.

Como aproveitar ao máximo este livro

Este livro traz alguns recursos que visam enriquecer o seu aprendizado, facilitar a compreensão dos conteúdos e tornar a leitura mais dinâmica. São ferramentas projetadas de acordo com a natureza dos temas que vamos examinar. Veja a seguir como esses recursos se encontram distribuídos no decorrer desta obra.

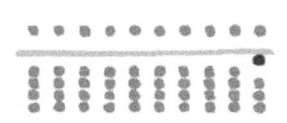

Conteúdos do capítulo:

- Princípios fundamentais de contabilidade ou princípios geralmente aceitos de contabilidade.
- Conceitos de contabilidade.
- Órgãos responsáveis.

Após o estudo deste capítulo, você será capaz de:

1. compreender a origem dos conceitos denominados princípios de contabilidade;
2. conhecer os princípios de contabilidade;
3. observar as aplicações desses princípios no cotidiano das empresas.

Logo na abertura do capítulo, você fica conhecendo os conteúdos que nele serão abordados.

Você também é informado a respeito das competências que irá desenvolver e dos conhecimentos que irá adquirir com o estudo do capítulo.

1. Existem casos em que os registros de certos fatos contábeis, considerados irrelevantes, não devem ser objeto de escrituração individual, por apresentarem valores irrisórios. De onde provém essa interpretação?

Solução:

Essa interpretação provém do princípio da materialidade, pois o princípio analisa a informação por meio do binômio *custo x benefício*. Assim, se o custo em levantar tal situação não representar vantagem para a empresa, não se perderá tempo nessa atividade.

2. A empresa Carisma S/A provisiona os salários dos empregados sempre no último dia de cada mês e efetua o pagamento no dia 5 do mês seguinte. Ao adotar essa técnica, a empresa está atendendo a qual princípio contábil?

Solução:

A empresa está atendendo ao princípio da competência, pois o fato gerador da despesa já incorreu e deverá constar no resultado do exercício daquele mês. Os valores que não foram desembolsados tornam-se uma obrigação da empresa e deverão ser lançados nas exigibilidades.

3. A comparação dos relatórios contábeis de uma mesma entidade não é prejudicada graças a qual princípio?

Solução:

Ao princípio da consistência, que reza que os registros devem ser uniformes nos procedimentos, de forma a permitir o estudo preditivo.

Questões para revisão

1. Qual princípio contábil faz referência à uniformização dos registros por meio da moeda corrente do país?

2. Uma diferença nos registros de estoques exaustivamente procurada. Por quê?

A obra conta também com exercícios seguidos da resolução feita pelo próprio autor, com o objetivo de demonstrar, na prática, a aplicação dos conceitos examinados.

CMV = Estoque inicial + (Compras − ICMS) − Estoque final
CMV = 10.000,00 + 48.400,00 − 19.360,00
CMV = 39.040,00

37

Demonstração do Resultado do Exercício	
(=) Receita bruta de vendas (35.000,00 + 19.000,00 + 22.000,00 + 18.900,00)	94.900,00
(-) ICMS sobre vendas (12% x 94.900,00)	(11.388,00)
(=) Receita de líquida de vendas	85.512,00
(-) CMV	(39.040,00)
(=) Lucro operacional bruto	**44.472,00**
Desconto obtido no pagamento da dívida	2.250,00
Desconto concedido no recebimento do título	(850,00)
(=) Lucro operacional	45.872,00
(-) Prejuízo na venda de imobilizado	(500,00)
(=) Lucro líquido	**45.372,00**

Nessa situação, só podemos elaborar a DRE após levantar o CMV – Custo da Mercadoria Vendida.

Questões para revisão

1. O que é balanço patrimonial?

2. Como serão dispostas as contas no ativo?

3. Qual o objetivo da DRE?

4. Qual o princípio de contabilidade que está intimamente ligado à demonstração de resultado?

Para saber mais

A respeito da apresentação das demonstrações contábeis, veja:

BRASIL. Lei n. 11.638, de 28 de dezembro de 2007. **Diário Oficial da União**, Brasília, DF, 28 dez. 2007. Disponível em: <http://www.planalto.gov.br/ecivil_03/_Ato2007-2010/2007/Lei/L11638.htm#art1>. Acesso em: 1º jun. 2010.

Com estas atividades, você tem a possibilidade de rever os principais conceitos analisados. Ao final do livro, o autor disponibiliza as respostas às questões, a fim de que você possa verificar como está sua aprendizagem.

Existem casos especiais de reconhecimento no que se refere a produtos que exigem longo período de fabricação, como é o caso das construções civis [constroem-se prédios com vários andares, podendo-se demorar mais de ano para a entrega de uma obra], da construção de navios [também exige muito tempo], das empresas reflorestadoras [árvores demoram a crescer], da engorda de gado, e assim por diante. Nesses casos e em outros similares, podemos reconhecer a receita e confrontar a despesa de forma proporcional a etapas físicas ou grau de acabamento do produto ou serviço ou também pelos custos incorridos na produção até aquele momento. Também constitui um caso especial o reconhecimento da receita depois da transferência do produto, fato que ocorre com alguns produtos, como: loteamentos ou apartamentos financiados diretamente com a construtora. Por se tratar de horizonte de tempo para recebimento relativamente longo [dez, quinze, vinte anos...], é difícil estimar a parcela de recebimentos duvidosos. Nessa condição, é possível reconhecer a receita após o fato gerador.

Síntese

A definição de **princípios norteadores da ciência contábil** surgiu de um longo processo de pesquisa em nível mundial e, no Brasil, é resultado do processo de interferência governamental. Eles constituem a base de toda a prática contábil, pois funcionam como placas sinalizadoras, que orientam o contabilista no processo de registro dos atos e fatos contábeis. Essa orientação geral proporciona uma padronização de procedimentos que nos permite comparar empresas interna ou externamente, ou seja, é possível comparar empresas do mesmo setor e porte, bem como comparar o desempenho dessa empresa num horizonte de tempo.

Os princípios atendem ao requisito de serem úteis, praticáveis e objetivos.

São vigentes no Brasil os princípios contábeis divulgados pelo CFC e pelo Ibracon, que são órgãos de classe. Os conceitos apresentados por esses órgãos trazem poucas diferenças, sendo a mais perceptível a questão da hierarquização em **postulados**, **princípios** e **convenções**, a qual é utilizada pelo Ibracon.

Contabilidade e seus conceitos

1

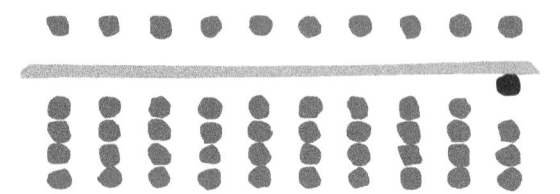

Conteúdos do capítulo:

- Aspectos da evolução histórica da contabilidade;
- Conceito, funções e técnicas de contabilidade;
- Usuários das informações contábeis;
- O campo e a área de aplicação da contabilidade;
- Classificação geral e nomenclaturas da contabilidade.

Após o estudo deste capítulo, você será capaz de:

- identificar os principais fatos da evolução histórica da contabilidade;
- compreender o conceito, as funções e as técnicas da contabilidade;
- identificar os usuários das informações contábeis;
- identificar o campo de aplicação da contabilidade e suas principais áreas de aplicação;
- diferenciar a classificação geral da contabilidade e suas nomenclaturas usuais.

A contabilidade é uma poderosa ferramenta que auxilia no encaminhamento de informações sobre as situações econômico-financeiras de determinada empresa. A ciência contábil, tal como a conhecemos hoje, passou ao longo dos anos por um processo de evolução histórica bastante interessante. Para que você possa entender melhor as características da contabilidade aplicada nos dias atuais, é importante conhecer as origens dessa ciência, bem como os conceitos mais importantes da arte dos controles financeiros.

1.1 Evolução histórica da contabilidade

A contabilidade constitui um dos conhecimentos mais antigos da humanidade e surgiu em função da necessidade que o ser humano tem de estabelecer um método de controle de suas riquezas e posses, ou seja, de seu patrimônio. Há, aliás, hipóteses de que a contabilidade tenha surgido antes mesmo da escrita[1] e que tenha sido base para o surgimento desta. Podemos verificar isso nas palavras de Schmidt (2000, p. 15), estudioso de contabilidade, que afirma:

[1] A escrita marca o fim do período pré-histórico. Portanto, podemos concluir que a contabilidade é uma ciência que tem suas origens na Pré-História.

Em sítios arqueológicos do Oriente Próximo, foram encontrados materiais utilizados por civilizações pré-históricas que caracterizam um sistema contábil utilizado entre 8000 e 3000 a.C. constituído de pequenas fichas de barro. Essas escavações revelam fatos importantes para a Contabilidade, colocando-a como mola propulsora da criação da escrita e da contagem abstrata.

Podemos realçar, dentro do processo de evolução histórica, alguns períodos que Ritta (2006) destaca como marcos do avanço contábil: Pré-História, Idade Média, Idade Moderna e Idade Contemporânea.

- **Pré-História (8000 a.C. e 1202 d.C.):** Nesta fase, a contabilidade evoluiu em virtude de diversas experiências de utilização de métodos de controle. Porém, o saber baseava-se apenas nas práticas usuais, fato que distinguiu esse período pela produção de conhecimentos superficiais. Os povos que mais tiveram influência nessa evolução foram os egípcios, os romanos, os chineses, os sumérios e os babilônios.

- **Idade Média (1202 a 1494):** Neste período, a contabilidade teve um grande impulso devido aos estudos que passaram a abordá-la. Grandes estudiosos começaram a desenvolver pesquisas e a sistematizar essa técnica de controle, principalmente no tocante aos métodos de registros, transformando-a, ou iniciando a sua transformação, em ciência de fato. Destacaram-se algumas obras, entre elas *Liber Abaci*[2], de Leonardo Fibonacci (1170-1250), que foi um dos principais estudiosos do período.

- **Idade Moderna (de 1494 até meados do século XVIII):** A Idade Moderna, no estudo da contabilidade, iniciou com o que os contabilistas atuais conhecem como o *marco da evolução contábil*, pois, no ano de 1494, teve destaque a publicação, em Veneza, da obra do frei franciscano Luca Pacioli (1445-1517), *La Summa de Arithmetica, Geometria, Porportioni et Proportionalitá*, que trazia como destaque um capítulo chamado *Tratatus Particularis de Computis et Scripturis*[3]. Nessa obra, o frei e matemático, que aprofundou o estudo da contabilidade, descreve o **método das partidas dobradas**. Esse período histórico conta com outros autores importantes, tais como Benedetto Cotrugli e Francesco di Balbuccio Pegolotti.

- **Idade Contemporânea (do século XVIII até os dias atuais):** É a fase destacada como período científico da contabilidade, tendo em vista que passaram a ser desenvolvidos estudos mais sistemáticos, fazendo com que

2   Obra mais importante de Fibonacci, concluída em 1202 e reeditada em 1228, contribuiu significativamente para a difusão da notação árabe entre os mercadores italianos e para o desenvolvimento dos estudos de álgebra nos meios escolares e abacistas. O livro mostrou a importância da prática do novo sistema numeral, aplicando-o à contabilidade comercial, à conversão de pesos e medidas, ao cálculo de juros e taxas de câmbio, entre outros usos.

3   Tratado Particular de Conta e Escrituração.

esse ramo do conhecimento deixasse de ser um simples método de controle para tornar-se uma ciência de controle. A partir daí, surgiram várias doutrinas contábeis, como: **contista, controlista, personalista, aziendalista e patrimonialista**.

Ao buscar entender o processo de desenvolvimento da ciência contábil, você não pode esquecer que tal evolução norteia-se pelas necessidades do ser humano de implementar controles em suas posses. As bases para a evolução foram sempre voltadas ao patrimônio, diferentemente de alguns objetivos[4] da utilização contábil na atualidade, tais como as necessidades fiscais e tributárias que a sociedade hoje apresenta.

Os controles patrimoniais dessa ciência geram informações que são vitais para o sucesso das empresas, pois o processo decisório da administração com base nas informações contábeis é de suma importância na competitividade do mundo globalizado.

1.1.1 A contabilidade no Brasil

No Brasil, os primeiros atos que caracterizaram a evolução da contabilidade e até mesmo a sua existência foram pautados em documentos legais, tais como a publicação, em 1808, de um alvará obrigando os contadores gerais da Real Fazenda a utilizarem o método das partidas dobradas na escrituração mercantil.

Outro marco importante do desenvolvimento da contabilidade no país foi o Código Comercial, publicado com base na Lei nº 556, de 25 de junho de 1850 (Brasil, 1850), que instituiu a obrigatoriedade da escrituração dos atos mercantis dos comerciantes, ou seja, criou a obrigação de executar-se a escrituração contábil e a demonstração da situação das empresas comerciais anualmente. Conforme Schmidt (2000, p. 205), apesar de ter sido um propulsor para a aplicabilidade da contabilidade no Brasil, "o Código Comercial Brasileiro não normatizou os procedimentos contábeis, apenas determinou que as empresas deveriam seguir uma ordem uniforme de Contabilidade e escrituração e ter os livros para esse fim necessário". Deixamos claro, então, que essa lei influenciou o processo de utilização da técnica contábil, porém não contribuiu para nenhum avanço efetivo da área.

No campo do desenvolvimento acadêmico, a fundação da Escola Prática de Comércio[5], em 20 de abril de 1902, foi o primeiro passo para o avanço

[4] Devemos ter clareza de que a contabilidade é a ciência do controle do patrimônio, e não apenas a ciência do controle fiscal e tributário, como nos dias de hoje é erroneamente entendida por alguns usuários e até, infelizmente, por alguns profissionais contábeis.

[5] Mais tarde alterada para Escola de Comércio Álvares Penteado.

científico da contabilidade. Nessa época, por meio do Decreto nº 1.339, de 9 de janeiro de 1905 (Brasil, 1905), foram reconhecidos oficialmente os cursos de Guarda-Livros e de Perito-Contador, ambos mantidos pela referida instituição. No entanto, foi somente na década de 1940 que se deu o passo fundamental para o desenvolvimento da contabilidade no Brasil, devido a acontecimentos que direcionaram as práticas contábeis, como é o caso da publicação do Decreto-lei nº 2.627, de 26 de setembro de 1940 (Brasil, 1940), que trata sobre a Lei das Sociedades por Ações e estabelece procedimentos contábeis para as empresas nacionais. Em 1945, a profissão contábil teve um grande avanço, pois foi reconhecida oficialmente como carreira universitária, sendo, no início de 1946, fundada a Faculdade de Ciências Econômicas e Administrativas de São Paulo[6], onde foi criado o curso de Ciências Contábeis e Atuariais, que deu origem, então, ao primeiro centro de pesquisas na área contábil.

Em 1946, foi criado, por meio do Decreto nº 9.295, de 27 de maio de 1946 (Brasil, 1946), o Conselho Federal de Contabilidade e os respectivos conselhos regionais, além de terem sido regulamentadas as atribuições dos cargos de contador e guarda-livros.

Em 1964, houve uma grande alteração no processo de ensino da contabilidade com a mudança no processo de orientação didática, que passou a utilizar a escola de contabilidade norte-americana e seus autores como base do processo de ensino-aprendizagem no país, deixando de lado a influência da escola italiana, que tinha vigorado até então.

No período pós-1964, foi criada uma série de leis e decretos que influenciaram os rumos da contabilidade no Brasil. Não podemos deixar de destacar entre eles os assuntos pertinentes ao Imposto de Renda e à correção monetária, que foram de suma importância no processo de construção das bases atuais da contabilidade. Em 1976, foi publicada a Lei das Sociedades por Ações, Lei nº 6.404, de 15 de dezembro de 1976 (Brasil, 1976), que substituiu o Decreto-lei nº 2.627/1940, sendo utilizada até os dias de hoje.

O Conselho Federal de Contabilidade publicou, em 29 de dezembro de 1993, a Resolução nº 750, de 29 de dezembro de 1993 (Brasil, 1993), que trata dos **princípios de contabilidade**, os quais são responsáveis pelo balizamento das ações dos profissionais da área contábil.

6 Atual Faculdade de Ciências Econômicas e Administrativas da Universidade de São Paulo (FEA/USP).

Com a influência da legislação, principalmente no tocante ao Imposto de Renda, a contabilidade obteve uma evolução marcada pelas necessidades fiscal e tributária, que, por sua vez, aliam-se aos avanços introduzidos pelos centros de pesquisas na área de contabilidade. Esses fatores possibilitaram mudanças significativas principalmente na sua utilização como sistema de informações. Esse sistema gera as demonstrações contábeis, utilizadas para todas as tomadas de decisões administrativas.

1.2 Contabilidade: elementos constitutivos

Para que possamos conhecer um pouco da ciência contábil, devemos nos familiarizar com a definição do conceito de **contabilidade** de acordo com o ponto de vista de diversos autores.

Para Ribeiro (2003, p. 19), "A **Contabilidade** é uma ciência que possibilita, por meio de suas técnicas, o controle permanente do Patrimônio das Empresas" (grifo nosso). Já para Gouveia (2001, p. 1), a "Contabilidade é um sistema muito bem idealizado que permite **registrar** as transações de uma entidade que possam ser expressas em termos monetários e **informar** os reflexos dessas transações na situação econômico-financeira dessa entidade em uma determinada data" (grifo nosso).

Marion (1998, p. 24), por sua vez, afirma que "A Contabilidade é o instrumento que fornece o máximo de informações úteis para a tomada de decisões dentro e fora da empresa". Iudícibus (1986, p. 23), a seu turno, afirma que a contabilidade tem como suas principais diretrizes

captar, registrar, acumular, resumir e interpretar os fenômenos que afetam as situações patrimoniais, financeiras e econômicas de qualquer ente, seja este pessoa física, entidade de finalidades não lucrativas, empresas, ou mesmo pessoas de Direito Público, tais como: Estado, Município, União, Autarquia etc.

Ao analisarmos os conceitos que foram apresentados pelos autores citados, podemos formular o conceito que utilizaremos nesta obra:

Contabilidade é a ciência que se ocupa do registro, por meio de técnicas próprias, dos atos e fatos da administração das entidades econômico-financeiras, que possam ser expressos monetariamente, possibilitando o controle, o estudo e a interpretação das variações do patrimônio da empresa, bem como fornecendo informações a todos os usuários interessados.

Com base no conceito de contabilidade que estabelecemos e levando em consideração a sua utilidade, podemos relacionar cinco funções da contabilidade, que, de acordo com Ritta (2006), seriam classificadas como as mais importantes: registrar, organizar, demonstrar, analisar e acompanhar.

1. **Registrar:** Todos os fatos ocorridos durante as atividades da empresa devem ser escriturados com a finalidade de obter a historicidade e a comprovação das ocorrências.

2. **Organizar:** A contabilidade constitui-se em um sistema de controle. Portanto, todos os registros devem estar organizados, bem como todos os livros devem ser sistematizados para melhor visualização e verificação dos acontecimentos.

3. **Demonstrar:** Com base nos registros organizados dos acontecimentos das empresas, devem ser expostos, periodicamente, os resultados encontrados, bem como a situação econômica, patrimonial e financeira da empresa.

4. **Analisar:** Levando em consideração que as informações fornecidas pela contabilidade, muitas vezes, podem não ser de fácil entendimento para os usuários, os demonstrativos devem ser analisados com a finalidade de facilitar a compreensão por parte de todos os usuários das informações contábeis.

5. **Acompanhar:** Função de cunho administrativo que consiste em acompanhar a execução dos planos econômicos da empresa, prevendo os pagamentos a serem realizados e as quantias a serem recebidas de terceiros, bem como alertando para eventuais problemas.

Entendidas tais funções, podemos abordar as técnicas contábeis. Em virtude de suas atribuições e sua finalidade, segundo a Escola Nacional de Seguros – Funenseg (2005), a contabilidade envolve procedimentos que são classificados em quatro técnicas distintas: escrituração, demonstrações contábeis, auditoria e análise.

1. **Escrituração:** Consiste em efetuar, de forma sistematizada, os registros das ocorrências que influenciam a evolução patrimonial. A escrituração, portanto, é realizada levando em consideração a ordem cronológica de todos os acontecimentos. A técnica contábil da escrituração é baseada em documentos comprobatórios, ou seja, todos os acontecimentos a serem escriturados devem corresponder a um documento legalizado que comprove a sua veracidade.

2. **Demonstrações contábeis:** Consiste em apresentar todos os registros efetuados em uma forma condensada, que apresente os resultados atingidos pela empresa em um determinado período. Os fatos registrados devem constar em demonstrações expositivas, que, segundo a Lei nº 6.404/1976, são denominadas *demonstrações financeiras*.

3. **Auditoria:** Consiste na técnica que busca ratificar a exatidão dos registros já efetuados e apresentados nas demonstrações contábeis. Constitui-se em um exame pormenorizado de todos os dados escriturados pela contabilidade, que tem por função verificar se todos foram efetuados seguindo os princípios fundamentais de contabilidade. Essa técnica pode ser aplicada de duas formas distintas: **auditoria interna** e **auditoria externa**.

4. **Análise:** Levando em consideração que as demonstrações contábeis representam dados sistematizados, que apresentam de forma sintética os resultados da empresa, nem sempre os usuários têm condições de interpretá-los. Assim, cabe à própria contabilidade decompor, comparar e interpretar os demonstrativos contábeis, com a finalidade de fornecer informações mais ágeis para os usuários.

Podemos notar que as técnicas contábeis seguem uma sequência lógica, pois primeiramente registramos todos os acontecimentos para, em seguida, demonstrarmos esses acontecimentos por meio de relatórios padronizados e, na sequência, fazer uma verificação da veracidade dos registros para somente então analisarmos e interpretarmos os relatórios com o objetivo de fornecer informações para os seus possíveis usuários.

É conhecido como *usuário do sistema de informações contábeis* todo e qualquer indivíduo que utilize, para algum fim específico, as informações geradas pela contabilidade. Existem várias classificações para definir a divisão de grupos de usuários. Nesta obra, de acordo com nosso objetivo, vamos utilizar a seguinte classificação: administradores ou internos e terceiros ou externos.

- **Administradores ou internos:** Compreendem todas as pessoas ligadas diretamente ao quadro societário empresarial ou contratadas para administrar a empresa profissionalmente. Eles tomam decisões para beneficiar a empresa no sentido de aumentar a eficácia de suas atividades. Exemplos: proprietários (sócios ou titular), presidente, diretores, administradores contratados, executivos contratados, gerentes.

- **Terceiros ou externos:** São todas as pessoas que não fazem parte do quadro societário da empresa, porém utilizam as informações para tentarem trazer algum benefício para si mesmas nas transações ou relações com a empresa. Exemplos: governo, fornecedores, clientes, funcionários, bancos, concorrentes.

Essa classificação considerada nesta obra é apenas um modo objetivo de abordar os grupos de usuários.

1.2.1 Classificação geral da contabilidade

Podemos classificar a contabilidade em pública ou privada, de acordo com Ritta (2006):

- **Contabilidade pública:** Ocupa-se com o estudo e o registro dos atos e fatos administrativos das pessoas de direito público e da representação gráfica de seus patrimônios, com a finalidade de fornecer informações para os seus usuários. Para alcançar os seus objetivos, a contabilidade pública ramifica-se, conforme a sua área de abrangência, em federal, estadual, municipal ou autárquica.

- **Contabilidade privada:** Ocupa-se do estudo e do registro dos atos e fatos administrativos das pessoas de direito privado e da representação gráfica de seus patrimônios com a finalidade de fornecer informações para os seus usuários.

Com essa classificação geral compreendida, podemos abordar nomenclaturas mais específicas.

1.2.2 Nomenclaturas da contabilidade

Além de receber a classificação oriunda de suas aplicações nas áreas pública ou privada, a contabilidade ainda pode ser classificada de acordo com a sua utilização, levando-se em consideração a área de atuação da entidade econômico-administrativa. Vejamos as mais comuns:

- **Contabilidade comercial ou contabilidade empresarial:** Para empresas que atuam diretamente no comércio ou na prestação de serviço.

- **Contabilidade industrial ou contabilidade de custos:** Para empresas que atuam diretamente na área industrial.

- **Contabilidade bancária:** Para empresas que atuam na área financeira.

- **Contabilidade pública:** Para o governo, as instituições e as empresas que fazem parte da administração pública.

- **Contabilidade de cooperativa:** Para empresas que desenvolvem suas atividades na forma de sociedades cooperativas.

- **Contabilidade de seguros:** Para empresas ligadas à área de seguros.

- **Contabilidade gerencial:** Caracterizada pela ênfase no estudo das informações contábeis para a tomada de decisões em qualquer área de aplicação da contabilidade.

Essas nomenclaturas específicas estão de acordo com as áreas de aplicação da contabilidade.

1.2.3 Outras áreas de atuação da contabilidade

Além das áreas pública e privada, a contabilidade pode ser classificada de acordo com outras áreas, as quais desenvolvem atividades específicas dentro dos ramos de atividade. Vejamos quais são as áreas mais importantes de acordo com Ritta (2006):

- **Fiscal:** Auxilia na elaboração de informações para os órgãos fiscalizadores. É imprescindível para um bom planejamento tributário da entidade.

- **Gerencial:** Tem por objetivo auxiliar a administração na otimização dos recursos disponíveis na entidade por meio de um controle adequado do patrimônio.

- **Financeira:** Elabora e consolida as demonstrações contábeis para disponibilizar informações aos usuários externos.

- **De auditoria:** Compreende o exame de documentos, livros e registros, bem como a inspeção e obtenção de informações internas e externas relacionadas ao controle do patrimônio, objetivando mensurar a exatidão desses registros e das demonstrações contábeis deles decorrentes.

- **Pericial contábil:** Elabora laudos em processos judiciais ou extrajudiciais sobre organizações com problemas financeiros causados por erros administrativos.

- **Atuarial:** É especializada na contabilidade de empresas de previdência privada e de fundos de pensão.

A classificação dessas áreas tem como ponto de análise a utilização cotidiana dos conhecimentos da ciência contábil.

1.3 Campo de aplicação da contabilidade

A contabilidade, em verdade, pode ser utilizada em qualquer tipo de controle que envolva valores monetários, tanto no caso de pessoas físicas quanto no de pessoas jurídicas. Mas convém ressaltar que a obrigatoriedade da contabilidade está ligada diretamente à pessoa jurídica, devido à legislação vigente no país (Brasil, 2002 – Código Civil, Lei nº 10.406, de 10 de janeiro de 2002).

Pessoa jurídica é a entidade abstrata que possui direitos, obrigações e patrimônios próprios, distintos dos das pessoas físicas, aspectos que a caracterizam como se tivesse vida própria, sendo constituída com o objetivo de explorar organizadamente uma atividade qualificada como comum. No entanto, para que você possa compreender melhor o conceito de **pessoa jurídica**, precisamos esclarecer alguns termos, como os demonstrados a seguir.

A contabilidade como ciência estuda o patrimônio das **entidades econômico-administrativas.** Segundo Ribeiro (2003, p. 20), estas "são organizações que reúnem os seguintes elementos: pessoas, patrimônio, titular, ações administrativas e fim determinado". Partindo dessa definição, podemos afirmar que a contabilidade encontra aplicação em todas as entidades econômico-administrativas, independentemente do tipo, ramo de atividade, segmento econômico ou localização geográfica.

Ainda de acordo com Ribeiro (2003, p. 20), as entidades econômico--administrativas são divididas em instituições e empresas, que possuem finalidades sociais e econômicas, respectivamente. As **instituições** não visam lucro, portanto possuem finalidades sociais ou socioeconômicas, ou seja, buscam, de alguma forma, atingir o objetivo delimitado como bem-estar social da coletividade. Essas entidades podem ser sociais e socioeconômicas.

- **Instituições sociais:** São aquelas que têm por finalidade exclusivamente o bem-estar da sociedade e recebem recursos públicos ou privados para atingirem seus objetivos. Exemplos: associações recreativas e esportivas, hospitais beneficentes, asilos, instituições para menores.
- **Instituições socioeconômicas:** São aquelas que têm por finalidade o bem-estar da sociedade, porém administrando recursos financeiros, ou seja, a instituição arrecada valores financeiros, aplica-os com o objetivo de converter em mais recursos e, em seguida, utiliza-os

para o bem-estar social. Exemplos: INSS, fundos de pensões e aposentadorias.

As **empresas**, por sua vez, visam lucro, portanto possuem finalidades econômicas, desenvolvendo suas atividades dentro dos mais variados ramos do mercado, tais como: comércio, indústria, agricultura, pecuária, transporte, telecomunicações etc. Podem ser classificadas da seguinte maneira: privadas, públicas e mistas.

- **Empresas privadas:** São aquelas que, constituídas de acordo com a legislação vigente, possuem o seu capital social exclusivamente de propriedade de particulares, ou seja, sem a participação do capital do governo. Exemplos: Casas Bahia, Audi, Coca-Cola etc.

- **Empresas públicas:** São aquelas que, constituídas de acordo com a legislação vigente, possuem seu capital social exclusivamente de propriedade do Estado, ou seja, sem a participação do capital particular. Exemplos: Banco Nacional de Desenvolvimento Econômico e Social (BNDES), Empresa Brasileira de Correios e Telégrafos e Caixa Econômica Federal.

- **Empresas mistas:** São aquelas que, constituídas de acordo com a legislação vigente, possuem seu capital social de propriedade de particulares e do Estado[7]; porém, o controle é executado pelo Estado. Também são conhecidas como **sociedades de economia mista**. Exemplos: Banco do Brasil, Petrobras etc.

Com esses conceitos entendidos, podemos compreender melhor as características das pessoas jurídicas.

1.3.1 Pessoas jurídicas

Ao abordarmos as pessoas jurídicas, vamos verificar as características de constituição das empresas privadas, ou seja, as que têm por objetivo auferir lucros e que possuem na sua composição apenas capital privado.

Notamos que aumentam significativamente as características das pessoas jurídicas em relação às das pessoas físicas. Isso se dá como consequência de suas classificações e das várias formas pelas quais aquelas podem ser constituídas. Para explorar uma atividade, as pessoas jurídicas, de acordo com o Código Civil vigente, podem ser constituídas como **empresários** ou **sociedades**.

[7] O Estado detém a maior parte do capital social, logo possui controle sobre a empresa.

1.3.1.1 Empresário

O Código Civil introduz o conceito de **empresário**, que está descrito no art. 966:

> Art. 966. Considera-se empresário quem exerce profissionalmente atividade econômica organizada para a produção ou a circulação de bens ou de serviços. Parágrafo único. Não se considera empresário quem exerce profissão intelectual, de natureza científica, literária ou artística, ainda com o concurso de auxiliares ou colaboradores, salvo se o exercício da profissão constituir elemento de empresa.

Podemos entender, de acordo com o texto desse artigo, que o empresário é uma pessoa jurídica constituída por apenas uma única pessoa física e que tem como objetivo explorar, geralmente, o ramo mercantil, podendo atuar também no ramo de serviços que não estejam ligados à profissão intelectual, de natureza científica, literária ou artística. Nesse tipo de empresa, o empresário é denominado de *titular*, pois é o único representante da empresa.

O empresário deve inscrever-se, obrigatoriamente, antes do início de suas atividades nas juntas comerciais[8] e posteriormente nos órgãos de fiscalização que se fizerem necessários, tais como a Receita Federal, a Secretaria da Fazenda Estadual e a Secretaria Municipal de Finanças.

O empresário, segundo o conceito do Código Civil, substituiu a antiga forma jurídica denominada *firma individual*.

1.3.1.2 Sociedade

Segundo Cotrim (1997), a sociedade é baseada no acordo consensual entre duas ou mais pessoas que se obrigam, entre si, a conjugar esforços ou recursos para a consecução de um fim comum.

Logo, podemos afirmar que a sociedade é caracterizada pela união de duas ou mais pessoas físicas ou jurídicas que buscam atingir um objetivo em comum, conforme está descrito no Código Civil, em seu art. 981: "Celebram contrato de sociedade as pessoas que reciprocamente se obrigam a contribuir, com bens ou serviços, para o exercício de atividade econômica e a partilha, entre si, dos resultados".

Analisando esses conceitos, podemos concluir que uma sociedade busca atingir objetivos comuns, que, no caso das empresas, seriam caracterizados pelos lucros.

8 Órgão de Registro Público de Empresas Mercantis, de acordo com o art. 967 do Código Civil.

O Código Civil centralizou as regulamentações no que tange às sociedades e dispôs que estas são primeiramente classificadas em *simples* e *empresária*. Anteriormente, algumas características das sociedades eram tratadas pelo Código Comercial de 1850.

Nesse contexto, é importante estabelecermos um paralelo entre **sociedade simples** e **sociedade empresária**, para que possamos compreender a diferença básica entre esses dois tipos de sociedade. Para isso, devemos, primeiramente, reportarmo-nos aos casos em que pode ocorrer o registro formal do empresário individual. Aliás, verificamos, ao interpretarmos o Código Civil, que, nessas situações, existem as condições necessárias para caracterizar as **sociedades empresárias**. Já nas situações nas quais não podemos efetuar o registro de empresário individual, existem as condições para caracterizar as **sociedades simples**. Tal interpretação baseia-se no art. 982 da referida lei (Brasil, 2002):

> Art. 982. Salvo as exceções expressas, considera-se empresária a sociedade que tem por objeto o exercício de atividade própria de empresário sujeito a registro (art. 967); e, simples, as demais.
>
> Parágrafo único. Independentemente de seu objeto, considera-se empresária a sociedade por ações; e, simples, a cooperativa.

Notamos também que a lei cria duas situações de padronização quanto aos tipos de sociedades, pois afirma que as **sociedades por ações** devem ser sempre empresariais e que as **sociedades cooperativas** devem ser sempre **simples**. No tocante ao registro dos documentos de constituição, é necessário respeitar a seguinte condição:

- **sociedades simples** devem ser registradas nos cartórios de registro de títulos e documentos;

- **sociedades empresárias** devem ser registradas nas juntas comerciais dos estados.

A seguir, abordaremos os tipos de sociedade.

Tipos de sociedade

O Código Civil também define em seus artigos quais são os tipos de sociedade que podem ser constituídas no território nacional, bem como suas características. Vamos conhecer um pouco sobre cada um deles.

- **Sociedade em nome coletivo:** É regulamentada pelos arts. 1.039 a 1.044 do Código Civil. Somente pessoas físicas podem optar por tal tipo de

As categorias devem ser discriminadas em contrato social.

36

sociedade. Todos os sócios respondem de forma solidária e ilimitada pelas obrigações contraídas pela sociedade, e a administração deve ser exercida única e tão somente pelos sócios e pode constituir-se tanto como sociedade empresária quanto como sociedade simples.

- **Sociedade em comandita simples:** É formada por sócios divididos em duas categorias[9] – os **sócios comanditados**, que são pessoas físicas que devem responsabilizar-se solidária e ilimitadamente pelas obrigações sociais, e os **sócios comanditários**, obrigados somente pelo valor de suas quotas. Em caso de falência, os bens particulares dos sócios comanditados podem ser arrecadados para pagar as dívidas da sociedade, enquanto que os sócios comanditários respondem apenas proporcionalmente ao valor de suas quotas. Pode ser constituída na forma de sociedade empresária ou sociedade simples e é regulamentada pelos arts. 1.045 a 1.051 do Código Civil.

- **Sociedade limitada:** Caracteriza-se por possuir o seu capital social dividido em quotas e pelo fato de a responsabilidade de cada sócio ser restrita ao valor de suas quotas; porém, todos respondem solidariamente pela integralização do capital social, o que significa dizer que a responsabilidade de cada sócio está limitada ao montante total do capital social. A sociedade limitada pode ser administrada por uma ou mais pessoas designadas no contrato social, inclusive por alguém estranho à sociedade. Porém, para Diniz (2002, p. 630), "Nesta modalidade de sociedade não é conveniente que a sua gerência e sua representação sejam confiadas a quem não seja titular de quotas, por não ter contribuído para a formação do capital social".

  Esse tipo de sociedade está regulamentado nos arts. 1.052 a 1.087 do Código Civil, podendo ser constituída na forma de sociedade simples ou sociedade empresária.

- **Sociedade anônima ou companhia:** É formada por capital dividido em ações, na qual cada sócio ou acionista é obrigado somente pelo valor de emissão das ações que subscrever ou adquirir. Esse tipo de sociedade é regido por lei específica (Lei nº 6.404/1976), e suas respectivas orientações legais estão descritas no Código Civil, em seus arts. 1.088 e 1.089. Só pode ser constituída na forma de sociedade empresária, podendo ser de capital aberto ou fechado.

- **Sociedade em comandita por ações:** Caracteriza-se por capital dividido em ações, tendo sua rotina legal determinada pelas normas impostas à sociedade anônima; opera sob firma ou denominação. A diferença básica é que somente o acionista é habilitado para conduzir a sociedade e, como diretor, responde subsidiária e ilimitadamente pelas obrigações da sociedade, responsabilizando-se, mesmo após a sua exoneração, por 2 anos pelos reflexos de sua gestão. É regulamentada pelo Código Civil em seus arts. 1.090 a 1.092 e, por ser constituída por ações, também é regida pela Lei nº 6.404/1976.

- **Sociedade cooperativa:** Segundo Diniz (2002, p. 648), "É uma associação sob forma de sociedade, com número aberto de membros, que tem por escopo estimular a poupança, a aquisição de bens e a economia de seus sócios, mediante a economia comum". Na sociedade cooperativa, a responsabilidade dos sócios pode ser limitada ou ilimitada. De acordo com o Código Civil (art. 1.095, §§ 1º e 2º),

[...]

§ 1º É limitada a responsabilidade na cooperativa em que o sócio responde somente pelo valor de suas quotas e pelo prejuízo verificado nas operações sociais, guardada a proporção de sua participação nas mesmas operações.

§ 2º É ilimitada a responsabilidade na cooperativa em que o sócio responde solidária e ilimitadamente pelas obrigações sociais.

A responsabilidade do sócio deve estar descrita no documento de constituição da sociedade cooperativa. Esse tipo de sociedade deve ser constituído exclusivamente na forma de sociedade simples. O Código Civil faz menção a essa forma de sociedade nos seus arts. 1.093 a 1.096.

Ao expormos as formas de pessoas jurídicas admitidas pela lei nesta obra, temos como finalidade introduzi-lo no mercado de trabalho normal, pois, durante o processo de inserção nesse âmbito, o profissional deve conhecer todas as características dos tipos de sociedade para poder escolher a forma que mais se adapte às suas condições e necessidades. Deixamos, como sugestão para você, a proposta de uma leitura mais aprofundada das características dos tipos de sociedades tratados neste capítulo[10].

Síntese

A seguir, apresentamos um resumo dos conceitos tratados no capítulo:

- **Contabilidade:** Contabilidade é a ciência que se ocupa do registro, por meio de técnicas próprias, dos atos e fatos da administração das entidades econômico-financeiras, que possam ser expressos monetariamente, possibilitando o controle, o estudo e a interpretação das variações do patrimônio da empresa, bem como fornecendo informações a todos os usuários interessados.

- **Funções contábeis:** Registrar, organizar, demonstrar, analisar e acompanhar.

- **Técnicas contábeis:** Escrituração, demonstrações contábeis, auditoria e análise.

- **Campo de aplicação da contabilidade:** Entidades econômico-administrativas.

- **Classificação geral da contabilidade:** Contabilidade pública, contabilidade privada.

- **Áreas de atuação da contabilidade:** Fiscal, gerencial, financeira, de auditoria, pericial contábil, atuarial.

Exercícios resolvidos

1. Qual a principal diferença entre as instituições e as empresas?
   a) ( ) Instituições são pessoas físicas e empresas são pessoas jurídicas.
   b) ( ) Instituições são pessoas jurídicas e empresas são pessoas físicas.
   c) ( ) Instituições visam lucros e empresas não visam lucros.
   d) (✓) Instituições não visam lucros e empresas visam lucros.

2. Quais nomenclaturas podem ser utilizadas pela contabilidade atualmente?
   - Contabilidade comercial ou contabilidade empresarial: Para empresas que atuam diretamente no comércio ou na prestação de serviço.
   - Contabilidade industrial ou contabilidade de custos: Para empresas que atuam diretamente na área industrial.
   - Contabilidade bancária: Para empresas que atuam na área financeira.

- Contabilidade pública: Para o governo, as instituições e as empresas que fazem parte da administração pública.
- Contabilidade de cooperativa: Para empresas que desenvolvem suas atividades na forma de sociedades cooperativas.
- Contabilidade de seguros: Para empresas ligadas à área de seguros.
- Contabilidade gerencial: Caracterizada pela ênfase no estudo das informações contábeis para a tomada de decisões, em qualquer área de aplicação da contabilidade.

Questões para revisão

1. O objeto de estudo da contabilidade é:
   a) a informação.
   b) o registro.
   c) o lucro.
   d) o patrimônio.

2. São usuários que fazem parte do grupo de usuários administradores:
   a) governo, proprietário e banco.
   b) banco, funcionários e executivos contratados.
   c) sócios, diretores e administradores contratados.
   d) sócio, titular e clientes.

3. A alternativa referente a técnicas contábeis é:
   a) escrituração.
   b) fiscalização.
   c) verificação.
   d) relatórios financeiros.

4. Qual o conceito de contabilidade?

5. Quais as áreas de atuação em que a contabilidade pode desenvolver suas atividades?

Patrimônio 2

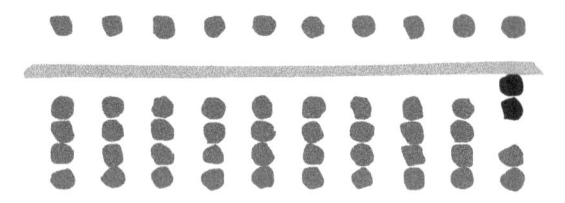

Conteúdos do capítulo:

- Conceito de patrimônio e seus desdobramentos;
- Representação gráfica do patrimônio;
- Aspectos qualitativo e quantitativo do patrimônio;
- Patrimônio líquido;
- Formação do patrimônio e sua evolução;
- Equação fundamental da contabilidade e as situações patrimoniais;
- Origens e aplicação dos recursos.

Após o estudo deste capítulo, você será capaz de:

- compreender o conceito de patrimônio;
- compreender os conceitos de bens, direitos e obrigações;
- compreender o conceito de patrimônio líquido;
- identificar a representação gráfica do patrimônio;
- interpretar os aspectos qualitativo e quantitativo do patrimônio;
- compreender a formação e a evolução do patrimônio;
- aplicar as funcionalidades da equação fundamental da contabilidade;
- compreender a lógica das origens e a aplicação de recursos.

*T*anto nos dias atuais como no passado, a humanidade sempre teve a necessidade de conhecer e controlar suas riquezas, tornando-se necessário quantificar e qualificar os elementos que as compõem.

No desenvolvimento deste capítulo, vamos investigar o objeto da contabilidade, estudando suas principais característica e classificações.

2.1 Patrimônio: conceito e itens constituintes

O objeto de estudo da contabilidade é o **patrimônio**, que é definido, segundo Ribeiro (2003, p. 25), como um conjunto de bens, direitos e obrigações de uma pessoa avaliado em moeda.

Marion (1998, p. 30), por sua vez, define *patrimônio* da seguinte forma: "Patrimônio tem sentido amplo: por um lado significa o conjunto de bens e direitos pertencentes a uma pessoa ou empresa; por outro lado inclui as obrigações a serem pagas".

Concluímos, com base nessas definições, que o patrimônio constitui-se em um **conjunto de bens, direitos e obrigações de uma pessoa física ou jurídica, sendo sempre suscetíveis de avaliação monetária, ou seja, sempre poderão ser transformados em moeda corrente.**

Essa definição pode ser representada graficamente por meio da Figura 2.1.

Figura 2.1 – Representação do patrimônio

Antes de avançarmos no estudo do patrimônio, devemos verificar o conceito de cada um dos elementos que fazem parte do conjunto representado.

2.1.1 Bens

Representam toda e qualquer coisa (passível de avaliação monetária) que é colocada à disposição do ser humano com o objetivo de satisfazer suas necessidades individuais ou coletivas.

Os bens podem ser classificados levando-se em consideração vários aspectos. Vejamos algumas classificações que são importantes para o estudo e o entendimento correto desse elemento patrimonial.

2.1.1.1 Classificação dos bens segundo o ponto de vista contábil

Quanto ao ponto de vista **contábil**, os bens são classificados em: de troca, de uso e de consumo.

- **Bens de troca:** São aqueles que têm por finalidade ser trocados por outros bens, direitos e até obrigações. Geralmente, os bens de troca são conhecidos por *mercadorias*, mas lembramos que, embora o dinheiro não seja mercadoria, este constitui-se em um bem que pode ser trocado por qualquer elemento do patrimônio. Exemplo: mercadorias e dinheiro.

- **Bens de uso:** São aqueles utilizados pela empresa de maneira permanente, ou seja, durante o processo de utilização não desaparecem e podem ser utilizados novamente. Exemplos: balcões, veículos, imóveis, computadores etc.

- **Bens de consumo:** São aqueles que, durante o processo em que são utilizados pela empresa, desaparecem, ou seja, são consumidos e não podem ser utilizados novamente. Exemplos: embalagens, combustíveis, tinta para impressão etc.

Descrita essa classificação, veremos a de acordo com a composição física.

2.1.1.2 Classificação dos bens de acordo com a composição física

Sob o aspecto da **composição de sua estrutura física**, os bens podem ser classificados em:

- **Materiais:** Aqueles que possuem matéria, ou seja, têm corpo físico. São conhecidos também como *corpóreos, concretos* e *tangíveis*. Ainda dentro dessa classificação, os bens materiais podem ser classificados como **móveis** e **imóveis**.

  » **Bens móveis:** Aqueles que podem mudar de lugar, impulsionados por força própria ou de terceiros, sem que haja alteração em seu estado original, ou seja, podem mover-se sem que mudem suas características físicas. Exemplos: veículos, mesas, cadeiras, computadores, balcões etc.

  » **Bens imóveis:** Aqueles que não podem ser deslocados de seu lugar original sem causar dano à sua forma física. Exemplos: prédios, terrenos, barracões etc.

- **Imateriais:** Aqueles que não possuem matéria, ou seja, não têm corpo físico. São conhecidos também como *incorpóreos, abstratos* e *intangíveis*. Representam determinados gastos que a empresa realiza e que, por sua característica, devem fazer parte do patrimônio. Não são muito comuns devido à sua natureza. Exemplos: benfeitorias em propriedades de terceiros, marcas e patentes, fundos de comércio.

Essas classificações nos auxiliam a considerar os bens de acordo com objetivos específicos de análise.

2.1.2 Direitos

Representam todos os valores que a empresa tem a receber de terceiros, provenientes de suas transações comerciais de venda a prazo. Geralmente, cada direito que a empresa possui vem acompanhado, consequentemente, da expressão *a receber*[1]. Essa denominação, em certos casos, levando-se em consideração a natureza do direito, pode ser substituída pelas expressões *a recuperar, a compensar, a apropriar*, entre outras. Exemplos: duplicatas a receber, notas promissórias a receber, aluguéis a receber etc.

[1] Quando a transação comercial for caracterizada pela venda de mercadorias a prazo ou prestação de serviços a terceiros a prazo, esse direito poderá ser classificado simplesmente como cliente, não sendo necessária a expressão *a receber*.

2.1.3 Obrigações

Representam todos os valores que a empresa tem o compromisso de pagar a terceiros, provenientes de suas transações comerciais relativas a compras a prazo. Geralmente, cada obrigação que a empresa possui vem acompanhada, consequentemente, da expressão *a pagar*[2]. Essa designação, em certos casos, levando-se em consideração a natureza da obrigação, pode ser substituída pela expressão *a recolher*. Exemplos: duplicatas a pagar, notas promissórias a pagar, salários a pagar, impostos a pagar etc.

2.2 Representação gráfica do patrimônio

Para facilitarmos o estudo dos elementos do patrimônio, adotaremos aqui a classificação que os divide em **elementos positivos** e **elementos negativos**.

Os **bens** e **direitos** que representam os elementos que a empresa possui e que, por suas características, aumentam o patrimônio da organização são chamados de *elementos positivos*. Já as **obrigações**, por representarem elementos que, por suas características, reduzem o patrimônio, são chamadas de *elementos negativos*. Os elementos positivos do patrimônio são conhecidos por *ativo*, e os elementos negativos, por *passivo*.

A representação gráfica do patrimônio na contabilidade lembra a letra "T". Essa representação é extremamente eficiente, pois a ciência contábil controla o patrimônio utilizando dois lados, um para cada grupo de elementos que foram classificados anteriormente. Os elementos positivos ficam distribuídos no lado esquerdo da representação gráfica do patrimônio, ficando por consequência os elementos negativos no lado direito[3].

Representação gráfica do patrimônio

Patrimônio		
Elementos positivos Ativo		**Elementos negativos** Passivo
Bens Direitos		Obrigações

Vemos nessa representação gráfica como ficou o patrimônio, já classificado em elementos positivos e negativos.

2   Quando a transação comercial for caracterizada pela compra de mercadorias a prazo ou recebimento de um serviço de terceiro prestado a prazo, essa obrigação poderá ser classificada simplesmente como fornecedor, não sendo necessária a expressão *a pagar*.

3   Essa distribuição foi convencionada, sendo adotada pela ciência contábil para fins de estudo e apresentação dos demonstrativos contábeis do patrimônio.

2.3 Aspecto qualitativo do patrimônio

O termo *qualidade* refere-se, nesse caso, à nomeação de cada um dos elementos componentes do patrimônio. O aspecto qualitativo, portanto, dá nome aos elementos patrimoniais. Cada elemento que compõe o patrimônio deve ser nomeado levando-se em consideração a sua característica. Os nomes atribuídos aos elementos patrimoniais são bem parecidos com os nomes utilizados em nosso cotidiano.

Exemplos:

- Um carro, quando compuser o patrimônio, será chamado de *veículo*.
- O dinheiro utilizado nas transações da empresa será chamado de *caixa*.
- Os itens comprados para revenda serão chamados de *mercadorias*.
- As salas comerciais utilizadas nas atividades serão chamadas de *imóveis*.
- As vendas a prazo serão chamadas de *duplicatas a receber*.
- As vendas de mercadorias a prazo serão chamadas de *clientes*.
- As compras a prazo serão chamadas de *duplicatas a pagar*.
- As compras de mercadorias a prazo serão chamadas de *fornecedores*.

Verificamos que todos os bens, direitos e obrigações que figurarem na empresa devem ser nomeados seguindo-se critérios técnicos. Essa classificação tem a finalidade de padronizar, ou seja, em qualquer lugar que as demonstrações forem apresentadas, os elementos patrimoniais terão o mesmo nome. Vejamos a representação a seguir.

Representação gráfica do aspecto qualitativo do patrimônio

Patrimônio	
Ativo	**Passivo**
Bens	**Obrigações**
Caixa	Fornecedores
Banco conta Movimento	Salários a pagar
Mercadorias	Financiamentos a pagar
Veículos	Impostos a pagar
Máquinas	
Móveis	
Imóveis	
Direitos	
Clientes	
Duplicatas a receber	
Promissórias a receber	
Aluguéis a receber	

Vemos nessa representação gráfica do patrimônio a distribuição do aspecto qualitativo.

2.4 Aspecto quantitativo do patrimônio

Após a qualificação dos elementos do patrimônio, devemos atribuir valores a cada um deles. Portanto, **quantificar** consiste em atribuir os valores monetários a cada um dos elementos do patrimônio já qualificados. Vejamos, a seguir, como isso é representado.

Aspecto quantitativo do patrimônio

Patrimônio

em Reais

Ativo		Passivo	
Bens		**Obrigações**	
Caixa	2.550,00	Fornecedores	3.000,00
Banco conta Movimento	1.200,00	Salários a pagar	1.700,00
Mercadorias	2.900,00	Financiamentos a pagar	6.000,00
Veículos	4.000,00	Impostos a pagar	1.000,00
Máquinas	1.500,00		
Móveis	800,00		
Imóveis	9.000,00		
Direitos			
Clientes	2.300,00		
Duplicatas a receber	1.100,00		
Promissórias a receber	1.000,00		
Aluguéis a receber	1.600,00		

Com esses dados apresentados, vemos como se apresenta o aspecto quantitativo do patrimônio.

2.5 Patrimônio líquido

Uma das características da contabilidade, de que até os leigos no assunto já devem ter ouvido falar, é que **o total dos valores do ativo deve ser igual ao total dos valores do passivo**. Assim, com base na representação demonstrada anteriormente, vamos incluir mais um elemento ao patrimônio da empresa: o **patrimônio líquido**, que figurará juntamente com as obrigações, pois esse elemento representa para a organização as dívidas contraídas pelos proprietários. Devemos lembrar que se os proprietários não disponibilizassem uma parcela de seu patrimônio próprio para a constituição da empresa, esta não existiria.

Patrimônio líquido, para Ribeiro (2003, p. 45), "é o quarto grupo de elementos patrimoniais que, juntamente com os Bens, Direitos e Obrigações, completará a demonstração contábil denominada *Balanço Patrimonial*" (grifo nosso). Logo, após a inclusão do patrimônio líquido, nós não temos a representação simples do patrimônio, pois passamos a ter a representação do **balanço patrimonial**, como segue:

Balanço Patrimonial

Ativo	Passivo
Bens	Obrigações
Direitos	Patrimônio líquido

O patrimônio líquido representa o grupo que tem como característica demonstrar todos os valores que os proprietários investiram para que a empresa pudesse existir. O seu elemento mais característico constitui-se no montante de valores investidos diretamente pelos proprietários, ou seja, os valores que são investidos na empresa por vontade própria de seus donos e que são qualificados como **capital social** ou simplesmente **capital**.

Outro elemento desse grupo é o que representa o retorno financeiro dos investimentos feitos pelos proprietários, o qual pode constituir-se em lucro ou até mesmo em prejuízo. Portanto, temos o elemento qualificado como **lucros** ou **prejuízos acumulados**.

2.6 Formação do patrimônio das empresas e sua evolução

A formação do patrimônio consiste em verificar a composição deste no momento em que é executada a criação de uma atividade empresarial para explorar um segmento do mercado. Vamos entender o funcionamento da formação do patrimônio desenvolvendo uma atividade prática.

Hipoteticamente, vamos constituir uma empresa para explorar certa atividade comercial. Para isso, suponhamos que duas pessoas (chamadas de *sócio A* e *sócio B*, respectivamente) resolveram unir-se.

O sócio A investiu na empresa o valor de R$ 10.000,00 em dinheiro e também um carro no valor de R$ 15.000,00.

O sócio B investiu na empresa uma sala comercial no valor de R$ 35.000,00.

Agora que já sabemos quais foram os elementos investidos na empresa, podemos elaborar o balanço patrimonial inicial da nossa empresa hipotética. Vamos fazer isso passo a passo.

a) Primeiramente, verificamos qual é o valor total de recursos disponibilizados para a empresa pelos sócios:

- Sócio A – R$ 10.000,00 em dinheiro;
- Sócio A – R$ 15.000,00 por meio de um carro;
- Sócio B – R$ 35.000,00 por meio de uma sala comercial.
- Total dos investimentos – R$ 60.000,00, que chamaremos de *capital social*.

b) Agora, identificamos quais foram os bens que passaram a ficar à disposição da empresa:

- Caixa – R$ 10.000,00 pelo dinheiro;
- Veículos – R$ 15.000,00 pelo carro;
- Imóveis – R$ 35.000,00 pela sala comercial.

Empresa Hipotética Ltda.
CNPJ 00.000.000/0001-00
Balanço Patrimonial

em Reais

Ativo		Passivo	
Bens		**Patrimônio líquido**	
Caixa	10.000,00	Capital social	60.000,00
Veículos	15.000,00		
Imóveis	35.000,00		
Total do ativo	**60.000,00**	**Total do passivo**	**60.000,00**

Portanto, esse é o primeiro balanço patrimonial da empresa, que agora passa a ter atividades que irão ocorrer em seu cotidiano de comercialização. Acompanharemos a evolução da referida organização, utilizando o mesmo esquema da formação, por meio de exercícios resolvidos, baseado em novos fatos hipotéticos.

A Empresa Hipotética Ltda. resolveu comprar mercadorias para poder iniciar suas revendas. Nessa transação, os sócios adquiriram R$ 35.000,00 em mercadorias, deram uma entrada no valor de R$ 5.000,00 e parcelaram o restante da compra em seis vezes iguais.

Vamos verificar o que ocorreu, após essa transação, com o balanço patrimonial.

a) Primeiramente, vemos quanto a empresa comprou em mercadorias, que agora faz parte da relação de bens e direitos que possui:
- Mercadorias = R$ 35.000,00

b) Em seguida, verificamos como foi realizada a compra:
- R$ 5.000,00 em dinheiro, que saiu do caixa, porque houve gasto.
- R$ 30.000,00 a prazo, que passou a constituir-se em uma obrigação.

Elabore o novo balanço patrimonial, sem esquecermos que, como a empresa está em processo de desenvolvimento e evolução, deve ser considerada a situação exposta no balanço patrimonial anterior.

Empresa Hipotética Ltda.
CNPJ 00.000.000/0001-00
Balanço Patrimonial

em Reais

Ativo		Passivo	
Bens		**Obrigações**	
Caixa	5.000,00	Fornecedores	30.000,00
Mercadorias	35.000,00	**Patrimônio líquido**	
Veículos	15.000,00	Capital social	60.000,00
Imóveis	35.000,00		
Total do ativo	**90.000,00**	**Total do passivo**	**90.000,00**

Você já deve ter observado que, após cada transação comercial que ocorre na empresa, temos um passo na evolução constante do patrimônio.

2.7 Situações patrimoniais

A contabilidade trabalha com a comparação de seus elementos positivos e negativos, formando a equação fundamental da contabilidade. Essa equação se constitui em uma fórmula simples para a explicação da igualdade entre os valores do ativo e os valores do passivo, e a sua compreensão torna-se fundamental para o entendimento do sistema contábil, como demonstrado a seguir.

Partindo do conceito de patrimônio como sendo o conjunto de bens, direitos e obrigações com terceiros acrescido de capital próprio[4], podemos definir a equação fundamental da contabilidade da seguinte forma:

EQUAÇÃO FUNDAMENTAL DA CONTABILIDADE

$$\underset{\text{(bens + direitos)}}{\text{Ativo}} = \underset{\text{(obrigações)}}{\text{Passivo exigível}^{5}} + \underset{\text{(capital próprio)}}{\text{Patrimônio líquido}}$$

Essa equação consiste em uma ferramenta *sine qua non* para a análise das situações patrimoniais.

Partindo da equação anteriormente apresentada, temos a interpretação da situação patrimonial líquida da empresa, uma vez que o patrimônio líquido corresponde àquela, representando a diferença entre a somatória dos bens e direitos (ativo) e a somatória das obrigações (passivo exigível).

Consequentemente, a situação patrimonial líquida das empresas pode apresentar-se como **positiva**, **negativa** ou **nula**. Vejamos como elas se caracterizam, de acordo com as considerações de Ribeiro (2003).

2.7.1 Situação patrimonial positiva

Ocorre quando o patrimônio líquido é positivo. Pode ser representada de duas formas distintas:

a) **Ativo é maior que o passivo exigível, sendo este maior que zero:** Dessa forma, temos um patrimônio líquido positivo. Essa situação patrimonial revela que, embora haja dívidas para com terceiros, os valores do ativo são suficientes para quitá-las, havendo ainda sobra de recursos para os proprietários.

Vejamos um exemplo partindo da representação gráfica do balanço patrimonial e da consequente análise por meio da equação fundamental.

4 Patrimônio líquido.

5 O passivo exigível representa o total das dívidas da empresa para com terceiros. A expressão *passivo exigível* faz-se necessária a partir da inclusão do grupo patrimônio líquido, que representa as dívidas da empresa para com os proprietários.

em Reais

Ativo		Passivo	
Bens		**Obrigações**	
Caixa	8.000,00	Fornecedores	30.000,00
Mercadorias	20.000,00	**Patrimônio líquido**	
Veículos	15.000,00	Capital social	60.000,00
Imóveis	35.000,00		
Direitos			
Clientes	12.000,00		
Total do ativo	**90.000,00**	**Total do passivo**	**90.000,00**

Análise da Situação Líquida

$$A = PE + PL$$
$$90.000 = 30.000 + 60.000$$
em que PE > 0 (zero) → Portanto, PL > 0 (zero)
Situação líquida positiva

b) **Ativo maior que o passivo exigível, sendo este igual a zero:** Aqui também temos um patrimônio líquido positivo. Essa situação patrimonial revela que não há dívidas para com terceiros, sendo os valores do ativo integralmente revertidos aos proprietários, e geralmente representa o balanço patrimonial inicial, gerado pela constituição da empresa. Vejamos um exemplo partindo da representação gráfica do balanço patrimonial e da consequente análise por meio da equação fundamental.

Balanço Patrimonial

em Reais

Ativo		Passivo	
Bens		**Patrimônio líquido**	
Caixa	8.000,00	Capital social	90.000,00
Mercadorias	20.000,00		
Veículos	15.000,00		
Imóveis	35.000,00		
Direitos			
Clientes	12.000,00		
Total do ativo	**90.000,00**	**Total do passivo**	**90.000,00**

$$A = PE + PL$$
$$90.000 = 0 + 90.000$$
em que $PE = 0$ (zero) → Portanto, $PL > 0$ (zero)
Situação líquida positiva

A seguir, veremos outra situação patrimonial: a negativa.

2.7.2 Situação patrimonial negativa

Ocorre quando o patrimônio líquido é negativo e é representada quando o **ativo é menor que o passivo exigível**. Dessa forma, temos um patrimônio líquido negativo. Essa situação patrimonial revela que há dívidas para com terceiros e que os valores do ativo não são suficientes para quitá-las, sendo necessário um incremento financeiro por parte dos proprietários. Essa situação demonstra que a empresa apresenta prejuízos acumulados e consequentemente enfrenta grandes dificuldades financeiras, enquadrando-se provavelmente em um processo falimentar.

Vejamos um exemplo partindo da representação gráfica do balanço patrimonial e da consequente análise por meio da equação fundamental.

Balanço Patrimonial

em Reais

Ativo		Passivo	
Bens		**Obrigações**	
Caixa	8.000,00	Fornecedores	100.000,00
Mercadorias	20.000,00	**Patrimônio líquido**	
Veículos	15.000,00	Capital social	90.000,00
Imóveis	35.000,00	Prejuízos acumulados	(100.000,00)
Direitos			
Clientes	12.000,00		
Total do ativo	**90.000,00**	**Total do passivo**	**90.000,00**

Análise da Situação Líquida

$$A = PE + PL$$
$$90.000 = 100.000 + (10.000)$$
Em que $PE > 0$ (zero) e $> A$ → Portanto, $PL < 0$ (zero)
Situação líquida negativa

Depois de compreendermos as situações patrimoniais positiva e negativa, podemos abordar a nula.

2.7.3 Situação patrimonial nula

Ocorre quando o patrimônio líquido não possui valores negativos nem valores positivos, apresentando a igualdade a zero. É representada quando o **ativo é igual ao passivo exigível**. Essa situação patrimonial revela que há dívidas para com terceiros e os valores do ativo são suficientes para quitá--las, não sobrando nenhum recurso financeiro para os proprietários nem sendo necessários incrementos financeiros por parte destes. Essa situação demonstra que a empresa apresenta prejuízos acumulados e, em consequência, enfrenta grandes dificuldades financeiras, resultando na possibilidade de entrar em um processo de falência. Essa é uma situação muito rara, pois não é comum que, no processo de evolução da empresa, aconteça de o prejuízo ser exatamente igual ao valor investido pelos proprietários.

Exercício resolvido

Partindo da representação gráfica do balanço patrimonial e da consequente análise por meio da equação fundamental, identifique a situação patrimonial líquida do balanço patrimonial a seguir:

Balanço Patrimonial

em Reais

Ativo		Passivo	
Bens		**Obrigações**	
Caixa	8.000,00	Fornecedores	90.000,00
Mercadorias	20.000,00	**Patrimônio líquido**	
Veículos	15.000,00	Capital social	60.000,00
Imóveis	35.000,00	Prejuízos acumulados	(60.000,00)
Direitos			
Clientes	12.000,00		
Total do ativo	**90.000,00**	**Total do passivo**	**90.000,00**

Análise da Situação Líquida

$$A = PE + PL$$
$$90.000 = 90.000 + 0$$
Em que $PE > 0$ (zero) e $= A$ → Portanto, $PL = 0$ (zero)
Situação líquida nula

2.8 Origens e aplicação dos recursos

É notória a expressão advinda da contabilidade, *"o balanço patrimonial fechou"*, a qual significa que, como deve ocorrer sempre, o total do ativo é igual ao total do passivo. Essa igualdade tem de ser verdadeira. Mas por quê? É muito mais fácil para nós tentarmos entender essa igualdade do que apenas aceitá-la. Vamos fazer isso?

O passivo, que representa os elementos negativos da empresa, também representa o que se chama de *origem de recursos da empresa*. Lembremos que, sem que uma pessoa ou mais desejem, não há a pessoa jurídica, já que esta só passa a existir quando alguém disponibiliza recursos para ela. Esses recursos, no início das atividades, são disponibilizados pelos proprietários e, quando os recursos próprios são insuficientes para o desenvolvimento das atividades empresarias, os proprietários buscam recursos de terceiros. Portanto, os recursos podem ser originados de duas formas distintas:

- o capital é **próprio** quando o recurso é gerado diretamente pelos proprietários da empresa;
- o capital é **de terceiros** quando o recurso é gerado por pessoas que não fazem parte do quadro societário da empresa.

Os capitais próprios são classificados no patrimônio líquido e os capitais de terceiros, no passivo exigível, fazendo ambos parte do passivo da empresa. Assim, como todos os recursos que a empresa capta são classificados no passivo, **o passivo representa a origem de recursos.**

Como todos os valores que sócios e terceiros disponibilizam para a empresa são chamados de *origem de recursos*, estes passam a estar disponíveis para que a empresa os utilize em suas atividades operacionais. Além disso, como todos os recursos disponíveis para a empresa têm de ser aplicados em suas atividades operacionais, podemos dizer que a empresa aplica no ativo os recursos que foram disponibilizados no passivo. Logo, **o ativo representa a aplicação de recursos.**

Desse modo, não há maneira de o balanço patrimonial não apresentar o ativo igual ao passivo, pois todos os recursos originados no passivo da empresa são aplicados no ativo da própria empresa.

Resumindo:

- o **passivo** representa a **origem de recursos** da empresa;
- o **ativo** representa a **aplicação de recursos** da empresa.

Sempre que a empresa busca recursos, de sócios ou terceiros, ela está procurando as **origens de recursos,** que são alocadas no passivo e sempre têm de ser alocadas também no **ativo,** pois representam as aplicações de recursos.

Síntese

O conteúdo deste capítulo pode ser resumido nos seguintes conceitos:

- **Patrimônio:** Conjunto de bens, direitos e obrigações de uma pessoa física ou jurídica, sendo sempre suscetíveis de avaliação monetária, ou seja, sempre poderão ser transformados em moeda corrente.

- **Patrimônio líquido:** Representa o grupo que tem como característica demonstrar todos os valores que os proprietários investiram para que a empresa pudesse existir.

- **Equação fundamental da contabilidade:** $A = PE + PL$.

- **Situações patrimoniais:** Positiva, nula e negativa.

Questões para revisão

Vamos desenvolver algumas atividades para que possamos fixar os conhecimentos referentes ao estudo do patrimônio e suas variações. Após cada ocorrência, elabore o balanço patrimonial, considerando a formação patrimonial e sua evolução.

1. Primeira ocorrência: Carlos e Gislaine resolvem montar uma padaria, chamando-a de *Pão Quente Ltda*. No momento da constituição da empresa, Carlos disponibilizou R$ 45.000,00 por meio de um imóvel, e Gislaine disponibilizou R$ 25.000,00 por meio de máquinas e equipamentos.

Pão Quente Ltda.
CNPJ 00.000.000/0002-00
Balanço Patrimonial Inicial
Curitiba,___ de _____ de _____ .

em Reais

Ativo	Passivo
Total do ativo	**Total do passivo**

2. Segunda ocorrência: A empresa Pão Quente Ltda. necessita de dinheiro para efetuar pequenos pagamentos e eventualidades do dia a dia. Para isso, procurou o Banco GRKA S.A. para efetuar um empréstimo bancário. Nessa transação, a empresa tomou, como empréstimo do banco, o valor de R$ 12.000,00, a ser pago em 10 parcelas mensais.

Pão Quente Ltda.
CNPJ 00.000.000/0002-00
Balanço Patrimonial Inicial
Curitiba,___ de _____ de _____ .

em Reais

Ativo	Passivo
Total do ativo	**Total do passivo**

3. Terceira ocorrência: A empresa Pão Quente Ltda. precisou comprar farinha para confeccionar pães e bolos. Para isso, procurou os seus fornecedores e efetuou um pedido que totalizou R$ 15.000,00. Nessa compra, a empresa pagou 30% à vista, e o restante ficou a ser pago em 30 dias.

Pão Quente Ltda.
CNPJ 00.000.000/0002-00
Balanço Patrimonial Inicial
Curitiba,___ de _____ de _____.

em Reais

Ativo	Passivo
Total do ativo	**Total do passivo**

4. O conjunto de bens, direitos e obrigações de uma pessoa física ou jurídica é denominado:

a) balanço patrimonial.

b) patrimônio líquido.

c) patrimônio flutuante.

d) patrimônio.

5. Representa os valores investidos na empresa diretamente pelos sócios:

a) Capital social.

b) Caixa.

c) Lucros.

d) Imóveis.

6. A equação fundamental da contabilidade é representada por:

a) Ativo = passivo exigível + patrimônio líquido.

b) Ativo + passivo exigível − patrimônio líquido.

c) Ativo + passivo exigível + patrimônio líquido.

d) Ativo − passivo exigível − patrimônio líquido.

Contas 3

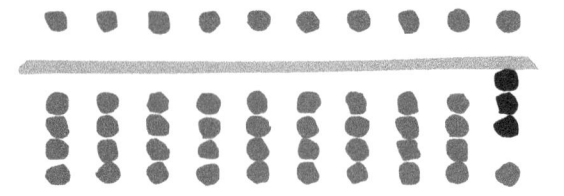

Conteúdos do capítulo:

- Conceito de conta;
- Contas patrimoniais ativas;
- Contas patrimoniais passivas;
- Contas retificadoras patrimoniais;
- Balancete de verificação;
- Balanço patrimonial (de acordo com a Lei nº 6.404, de 15 de dezembro de 1976);
- Contas de resultado – despesa e receita;
- Apuração de resultado;
- Plano de contas;
- Noções de débito e crédito;
- Método das partidas dobradas;
- Natureza, função e funcionamento das contas.

Após o estudo deste capítulo, você será capaz de:

- compreender o conceito de contas;
- classificar e diferenciar as contas patrimoniais ativas das contas patrimoniais passivas;
- identificar as contas retificadoras do patrimônio;
- elaborar um balancete de verificação;
- identificar e classificar as contas de resultado – despesa e receita;
- compreender o método das partidas dobradas;
- identificar as características do débito e do crédito;
- compreender o mecanismo de apuração do resultado;
- identificar a codificação do plano de contas;
- elaborar um plano de contas.

O termo *conta* pode sugerir diversos significados. Geralmente, significa os valores que temos a pagar para terceiros, como contas de água e de luz, ou, ainda, pode representar a conta bancária. Mas, para o nosso objetivo, nesta obra, devemos nos ater ao significado contábil, que, segundo Ribeiro (2003, p. 63), é o seguinte: "Conta é o nome técnico dado aos elementos patrimoniais (Bens, Direitos, Obrigações e Patrimônio Líquido) e aos elementos de resultado (Despesas e Receitas)". Portanto, cada item do patrimônio ou de resultado não deve mais ser chamado de *elemento*, e sim de *conta*, ou seja, cada elemento tratado pela contabilidade se constitui em uma conta.

Exemplos:

- o dinheiro é chamado na empresa de *caixa*, portanto caixa é um item patrimonial e representa a conta Caixa;

- a duplicata a receber é chamada na empresa de *cliente*, portanto cliente é um item patrimonial e representa a conta Cliente;

- a duplicata a pagar é chamada na empresa de *fornecedor*, portanto fornecedor é um item patrimonial e representa a conta Fornecedores.

A função das contas é contribuir para o processo de controle implementado pelo sistema contábil, uma vez que, com a utilização das contas, a contabilidade pode padronizar as ações com a finalidade de agilizar o processo de lançamento dos fatos contábeis. Assim, cada registro contábil deve ser feito nas contas que afetaram a evolução do patrimônio da empresa.

As contas, em conformidade com o conceito que as define, possuem uma classificação que as divide em dois grandes grupos, de acordo com a teoria patrimonialista: contas **patrimonial** e de **resultado**.

No decorrer do nosso estudo, já tivemos a oportunidade de trabalhar com as contas patrimoniais[1], ficando mais fácil o processo de entendimento desse tipo de contas, embora ele vá ser analisado em maior profundidade.

3.1 Contas patrimoniais

As contas patrimoniais são aquelas que representam o patrimônio. Logo, estão relacionadas ao balanço patrimonial, representando os bens, os direitos e as obrigações, além do patrimônio líquido da empresa. Como vimos, essas contas se subdividem em contas patrimoniais ativas e contas patrimoniais passivas.

3.1.1 Ativo

Como já estudamos anteriormente, o ativo é o conjunto dos elementos positivos do patrimônio e representa todos os bens e direitos de uma entidade expressos em moeda.

No estudo das contas, o ativo possui a seguinte classificação, de acordo com a Lei nº 6.404, de 15 de dezembro de 1976 (Brasil, 1976), que regulamenta as divisões do balanço patrimonial: **ativo circulante** e **ativo não circulante**. O ativo não circulante será composto por **ativo realizável a longo prazo**, **investimentos**, **imobilizado** e **intangível**. Veja cada um desses itens de forma detalhada a seguir.

3.1.1.1 Ativo circulante

O ativo circulante é o grupo de contas composto por bens e direitos que se caracterizam por uma movimentação rápida, pois configuram entradas ou saídas de valores no período compreendido entre a transação e o término do exercício social[2] subsequente, ou seja, até o fim do ano seguinte. Também possui como característica um elevado grau de liquidez[3], ou seja, são contas que já representam dinheiro ou que se transformarão em dinheiro mais rapidamente.

As contas do ativo circulante são classificadas de acordo com o grau de liquidez decrescente; por conseguinte, as contas com maior grau de liquidez devem ser classificadas antecipadamente. Segundo o inciso I do art. 179 da Lei nº 6.404/1976, as contas do ativo circulante serão classificadas em: disponibilidades, direitos realizáveis no curso do exercício social subsequente e aplicações de recursos em despesas do exercício seguinte.

1   Mesmo que ainda não a chamássemos de contas.

2   Exercício social compreende períodos de igual duração em que a empresa opera. Geralmente, tem duração de um ano e coincide com o ano do calendário civil.

3   Grau de liquidez: Período de tempo em que os bens ou direitos transformam-se em dinheiro.

Para o nosso estudo, faremos a classificação detalhada do ativo circulante da seguinte forma: disponível ou disponibilidades, valores a receber a curto prazo, despesas antecipadas, créditos a recuperar, estoques e contas gráficas.

- **Disponível ou disponibilidades:** Subgrupo de contas que representa os valores numerários à disposição direta ou indireta da empresa. Exemplos: caixa, bancos conta Movimento, bancos conta Aplicação Financeira etc.

- **Valores a receber a curto prazo:** Subgrupo de contas que representa os valores oriundos de vendas realizadas a prazo pela empresa. Exemplos: clientes, duplicatas a receber, notas promissórias a receber etc.

- **Despesas antecipadas:** Subgrupo de contas que representa valores oriundos de pagamentos antecipados das despesas da empresa. Exemplos: aluguel antecipado, seguros a vencer etc.

- **Créditos a recuperar:** Subgrupo de contas que representa valores provenientes de pagamentos a maior de impostos que serão recuperados em exercícios seguintes. Exemplos: Imposto de Renda de Pessoa Jurídica (IRPJ) a recuperar, Contribuição para o Financiamento da Seguridade Social (Cofins) a recuperar etc.

- **Estoques:** Subgrupo de contas que representa valores oriundos de bens físicos destinados à venda ou ao consumo da empresa. Exemplos: mercadorias, produtos acabados, matéria-prima etc.

- **Contas gráficas[4]:** Subgrupo de contas que têm a finalidade de efetuar as apurações dos impostos em que a empresa tem direito a compensar os valores referentes às suas compras. Exemplos: Cofins conta gráfica, Programa de Integração Social (PIS) conta gráfica, Imposto sobre Circulação de Mercadorias e Prestação de Serviços (ICMS) conta gráfica etc.

Entendido o ativo circulante, passemos ao ativo não circulante.

3.1.1.2   Ativo não circulante

O ativo não circulante é o grupo de contas composto por aquelas que representam bens e direitos que, por sua vez, possuem uma movimentação lenta ou ainda não serão movimentados.

[4] Esse grupo de contas faz parte do ativo, porém não deve figurar no balanço patrimonial.

As contas do ativo não circulante são classificadas, de acordo com os incisos II, III, IV e V do art. 179 da Lei nº 6.404/1976, em realizável a longo prazo, investimentos, imobilizado e intangível.

- **Realizável a longo prazo:** Esse grupo de contas é composto somente por direitos e caracteriza-se por contas com uma movimentação lenta, ou seja, só se movimentam após o término do exercício social subsequente a contar da data da transação, assim como os derivados de vendas, adiantamentos ou empréstimos a sociedades coligadas ou controladas, diretores, acionistas ou participantes no lucro da companhia, que não constituírem negócios usuais na exploração do objeto da companhia. Exemplos: duplicatas a receber a longo prazo, financiamentos a receber a longo prazo, empréstimos a coligadas etc.

- **Investimentos:** Esse grupo de contas representa os valores de direitos referentes a participações permanentes em outras sociedades e os direitos de qualquer natureza não classificáveis no ativo circulante, e que não se destinam à manutenção da atividade da companhia ou da empresa não utilizados na atividade operacional desta. Exemplos: ações de outras companhias, imóveis de renda, ouro, obras de arte etc.

- **Imobilizado:** Esse grupo de contas representa os direitos que tenham por objeto bens corpóreos destinados à manutenção das atividades da companhia ou da empresa ou exercidos com essa finalidade, inclusive os decorrentes de operações que transferem à companhia os benefícios, os riscos e o controle desses bens. Exemplos: imóveis, veículos, móveis e utensílios, máquinas e equipamentos etc.

- **Intangível:** Esse grupo de contas representa os direitos que têm por objeto bens incorpóreos destinados à manutenção da companhia ou exercidos com essa finalidade, inclusive o fundo de comércio adquirido. Exemplos: marcas, patentes, fundo de comércio, direito de utilização de *softwares* etc.

Depois de vermos os tipos de ativos, passemos agora a abordar o grupo de contas **passivo**.

3.1.2 Passivo

Esse grupo de contas representa todas as obrigações da empresa para com terceiros e as dívidas da organização para com os sócios expressas em moeda corrente. O passivo, de acordo com a Lei nº 6.404/1976, que regulamenta as divisões do balanço patrimonial, possui a seguinte classificação: **passivo circulante, passivo não circulante e patrimônio líquido.**

A união do passivo circulante e do passivo não circulante constitui o passivo exigível, que compreende todas as obrigações que a empresa tem para com terceiros, ou seja, são todas as dívidas que a organização contraiu com pessoas estranhas ao seu quadro societário. No momento em que essas dívidas vencerem, será exigido o seu pagamento. Assim, as contas do passivo exigível são agrupadas em função do seu vencimento, ou seja, de acordo com o prazo em que deverão ser pagas.

3.1.2.1 Passivo circulante

Representa o grupo de contas do passivo exigível que contém as contas que demonstram as obrigações que devem ser pagas **até** o término do exercício social subsequente. O passivo circulante deve classificar suas contas de acordo com o grau de exigibilidade[5], ou seja, de acordo com os prazos de pagamento ou vencimento das obrigações. Existe muita polêmica na interpretação desse grau de exigibilidade. Para não nos atermos a essa discussão, adotamos a seguinte classificação como divisão do passivo circulante[6]: obrigações diversas, trabalhistas e tributárias.

- **Obrigações diversas**: Subgrupo de contas que representa os valores das obrigações da empresa provenientes de compras a prazo de mercadorias ou quaisquer outros bens, além das obrigações referentes a empréstimos realizados em instituições financeiras. Exemplos: fornecedores, títulos a pagar, empréstimos bancários a pagar, duplicatas descontadas[7] etc.

- **Obrigações trabalhistas**: Subgrupo de contas que representa os valores das obrigações da empresa para com os funcionários registrados como empregados, bem como todos os encargos sociais provenientes dessas contratações. Exemplos: salários a pagar, comissões a pagar, Instituto Nacional de Seguro Social (INSS) a pagar etc.

- **Obrigações tributárias**: Subgrupo de contas que representa os valores das obrigações da empresa para com o governo, ou seja, as provenientes de tributos ou contribuições sociais com que a empresa tem de arcar por conta de suas atividades. Exemplos: ICMS a pagar, IRPJ a pagar, Contribuição Social sobre o Lucro Líquido (CSLL) a pagar etc.

5 Período de tempo em que deverá efetuar-se o pagamento da obrigação.

6 Divisão sugerida pelo autor, respeitando as imposições legais.

7 A conta duplicatas descontadas era classificada como conta retificadora do ativo circulante. O Comitê de Pronunciamentos Contábeis – CPC publicou um pronunciamento que alterou a classificação da conta. Após esse pronunciamento, devemos classificá-la no passivo circulante.

Entendido o passivo circulante, passemos ao não circulante.

3.1.2.2 Passivo não circulante

Representa o grupo de contas do passivo exigível que contém as contas que demonstram as obrigações a serem pagas **depois** do término do exercício social subsequente. Exemplo: financiamentos a pagar a longo prazo.

3.1.2.3 Patrimônio líquido

É o grupo que representa os valores que foram disponibilizados pelos proprietários da empresa (sócios ou titular). É composto de investimentos diretos e retornos dos investimentos, representando as obrigações da empresa para com os proprietários. É divido em: capital social, reservas de capital, reservas de lucro, ajustes de avaliação patrimonial, ações em tesouraria e prejuízo acumulado. Veja cada um deles de forma mais detalhada a seguir (Brasil, 1976):

- **Capital social**: Representa os valores de investimentos de forma direta pelos sócios na empresa. Exemplo: capital.

- **Reservas de capital**: Representa o valor oriundo da valorização das ações quando da venda em mercado de capitais, ou seja, produto da alienação de partes beneficiárias e bônus de subscrição. Exemplo: ágio na venda de ações.

- **Reservas de lucro**: Representa os valores destinados a fins específicos, de acordo com a lei ou com os documentos de constituição da sociedade (estatuto ou contrato social). É gerada exclusivamente por intermédio de parcelas do lucro da empresa. Exemplos: reserva legal, reserva estatutária, reserva para contingência.

- **Ajustes de avaliação patrimonial**: Representa os valores oriundos da reavaliação dos bens do ativo permanente, em decorrência da sua avaliação a valor justo, nos casos previstos na lei ou em normas expedidas pela Comissão de Valores Mobiliários (CVM), enquanto não computadas no resultado do exercício em decorrência do regime de competência. Exemplo: reavaliação de imóveis.

- **Ações em tesouraria**: Representa valores que registram os recursos aplicados na aquisição de capital social pela própria empresa. Esses valores devem ser registrados como dedução na conta do patrimônio líquido.

- **Lucro ou prejuízo acumulado (LPA):** Representa os valores dos resultados acumulados dos exercícios sociais anteriores, auferidos pela empresa. Exemplos: lucro acumulado, prejuízo acumulado.

Depois de entendermos esses conceitos sobre contas patrimoniais, podemos abordar as contas retificadoras do patrimônio.

3.2 Contas retificadoras do patrimônio

Essas contas têm por objetivo demonstrar uma condição específica de redução do patrimônio. Podem ocorrer tanto no ativo quanto no passivo e são precedidas pelo sinal negativo para que sejam mais facilmente identificadas. Vejamos as mais comuns:

- **Contas retificadoras do ativo circulante:**

  (–) Perda com clientes: Representa os valores que estão inadimplentes há mais de seis meses e que a empresa considera como incobráveis, mesmo não tendo esgotado as medidas de cobrança.

- **Contas retificadoras do ativo não circulante:**

  (–) Depreciação acumulada (dos bens imobilizado): Representa os valores do desgaste contábil dos bens materiais utilizados na operacionalidade da empresa.

  (–) Amortização acumulada (dos bens do intangível): Representa os valores do desgaste contábil dos bens imateriais utilizados na empresa ou dos direitos diferidos da empresa.

  (–) Exaustão acumulada (dos bens imobilizado): Representa os valores do desgaste contábil dos recursos naturais da empresa.

- **Contas retificadoras do passivo exigível (passivo circulante e passivo não circulante):**

  (–) Juros a transcorrer: Representa os valores tanto do passivo circulante como do passivo exigível a longo prazo e demonstra o valor dos juros[8] nas transações de empréstimos ou financiamentos efetuados pela empresa.

- **Contas retificadoras do patrimônio líquido:**

  (–) Capital a integralizar: Representa os valores que constam em estatuto ou contrato social[9], mas que ainda não foram disponibilizados pelos proprietários.

[8] Juros que já foram calculados, porém não se constituem em obrigações reais, por ainda não terem sido pagos.

[9] Documentos de constituição das empresas.

(–) Prejuízos acumulados: Representa os valores que demonstram os prejuízos da empresa.

(–) Ações em tesouraria: Representa os valores do capital que foram adquiridos pela própria empresa.

Entendidas as contas, podemos abordar o balancete de verificação, que as relaciona.

3.3 Balancete de verificação

O balancete de verificação é um relatório contábil formado por uma relação de contas e seus respectivos saldos credores ou deveres. Esse relatório é extraído dos saldos das contas registradas no livro-razão ou dos saldos dos razonetes[10] e tem a finalidade de auxiliar o contabilista durante o processo de verificação das contas antes do levantamento das demonstrações contábeis.

O balancete de verificação pode ser apresentado com variação do número de colunas contendo valores. Vejamos, a seguir, os modelos:

Balancete de uma coluna[11]

Nº	Contas	Saldos
01.	Caixa	25.000,00
02.	Veículos	50.000,00
03.	Capital social	65.000,00
04.	Lucros ou prejuízos acumulados	10.000,00

Balancete de duas colunas

Nº	Contas	Saldos	
		Devedor	Credores
01.	Caixa	25.000,00	
02.	Veículos	50.000,00	
03.	Capital social		65.000,00
04.	Lucros ou prejuízos acumulados		10.000,00
Totais		75.000,00	75.000,00

10 No caso de atividades de cunho didático.

11 Usado somente em situações didáticas que requeiram do aluno a classificação das contas apenas de acordo com sua natureza. Não é utilizado para fins de relatórios gerenciais.

Balancete de quatro colunas

Nº	Contas	Movimentos		Saldos	
		Débito	Crédito	Devedor	Credores
01.	Caixa	60.000,00	35.000,00	25.000,00	
02.	Veículos	100.000,00	50.000,00	50.000,00	
03.	Capital social		65.000,00		65.000,00
04.	Lucros ou prejuízos acumulados	15.000,00	25.000,00		10.000,00
Totais		175.000,00	175.000,00	75.000,00	75.000,00

Balancete de seis colunas

Nº	Contas	Saldos anteriores		Movimentos		Saldos atuais	
		Devedor	Credor	Débito	Crédito	Devedor	Credor
01.	Caixa	10.000,00		50.000,00	35.000,00	25.000,00	
02.	Veículos	40.000,00		60.000,00	50.000,00	50.000,00	
03.	Capital social		10.000,00		55.000,00		65.000,00
04.	Lucros ou prejuízos acumulados		40.000,00	55.000,00	25.000,00		10.000,00
Totais		50.000,00	50.000,00	165.000,00	165.000,00	75.000,00	75.000,00

Com o balancete de verificação, qualquer contabilista tem a possibilidade de verificar se os saldos das contas estão prontos para o levantamento das demonstrações contábeis.

3.4 Balanço patrimonial

O balanço patrimonial consiste na exposição dos componentes patrimoniais por meio da apresentação ordenada de suas aplicações de recursos e das origens destes, segundo a classificação exposta anteriormente (art. 178, Lei nº 6.404/1976). Entre as formalidades que devem ser observadas na apresentação desse relatório consta o cabeçalho, que deve conter:

- nome da empresa;
- Cadastro Nacional de Pessoa Jurídica (CNPJ);

- nome do demonstrativo;
- data da apuração dos valores contábeis patrimoniais.

O balanço patrimonial deve expor os elementos patrimoniais classificados de acordo com a divisão do plano de contas da empresa e respeitar a legislação vigente. Esse demonstrativo pode ser apresentado de duas formas: **seções contíguas** ou **bilaterais** e **seções sobrepostas** (Iudícibus, 1986, p. 52).

A exposição na forma contígua ou bilateral é aquela que demonstra os elementos do ativo ao lado dos elementos do passivo, como demonstramos a seguir.

Modelo de demonstração de Balanço Patrimonial – seções bilaterais

Empresa Hipotética S.A.
CNPJ 00.000.000/01001-00
Balanço Patrimonial
Levantado em 31 de dezembro de 2001

em Reais

Ativo	Passivo
Circulante	Circulante
Disponível	Obrigações diversas
Caixa	Fornecedores
Banco conta Movimento	Empréstimos bancários a pagar
Banco conta Aplicação Financeira	(–) Juros a transcorrer
Valores a receber a curto prazo	Duplicatas descontadas
Créditos a recuperar	Duplicatas a pagar
IRPJ a recuperar	Aluguéis a pagar
CSLL a recuperar	Obrigações trabalhistas
Mercadorias	Salários a pagar
Mercadorias	Comissões a pagar
Ativo não circulante	INSS a pagar
Realizável a longo prazo	FGTS a pagar
Duplicatas a receber	13º salário a pagar
Investimentos	Férias a pagar
Ações em outras companhias	Contribuição sindical a pagar
Imóveis de aluguel	Obrigações tributárias
Imobilizado	ICMS a recolher
Imóveis	Cofins a pagar
(–) Deprec. acumulada de imóveis	PIS s/ faturamento a pagar
	IRPJ a pagar
	CSLL a pagar

(continua)

Veículos	Passivo não circulante
(–) Deprec. acumulada de veículos	Exigível a longo prazo
Intangível	Obrigações diversas
Marcas	Empréstimos a pagar a longo prazo
Patentes	(–) Juros a transcorrer
Desenvolvimento de produtos	Patrimônio líquido
(–) Amortização acumulada	Capital social
	Capital social
	Reservas de capital
	Ágio na emissão de ações
	Ajuste de avaliação patrimonial
	Reserva de reavaliação
	Reserva de lucros
	Reserva legal
	Reserva estatutária
	Reserva de lucros a realizar
	LPA
	Lucros acumulados
	Prejuízos acumulados
Total ativo	**Total passivo**

O balanço patrimonial exposto na forma de seções sobrepostas é aquele em que o ativo é apresentado antes dos elementos do passivo. Vejamos o modelo a seguir:

Modelo de balanço patrimonial – seções sobrepostas

Empresa Hipotética S.A.
CNPJ 00.000.000/01001-00
Balanço Patrimonial
Levantado em 31 de dezembro de 2001

em Reais

Ativo

Circulante
Disponível
    Caixa
    Banco conta Movimento
    Banco conta Aplicação Financeira
Valores a receber a curto prazo
    Clientes
    (–) Provisão de perda com cliente

(continua)

74

Duplicatas a receber
Despesas antecipadas
    Seguros a vencer
    Aluguéis a vencer
Créditos a recuperar
    IRPJ a recuperar
    CSLL a recuperar
Mercadorias
    Mercadorias
Ativo não circulante
Realizável a longo prazo
    Duplicatas a receber
Investimentos
    Ações em outras companhias
    Imóveis de aluguel
Imobilizado
    Imóveis
    (–) Deprec. acumulada de imóveis
    Veículos
    (–) Deprec. acumulada de veículos
Intangível
    Marcas
    Patentes
    Desenvolvimento de produtos
(–) Amortização acumulada

Total ativo

Passivo

Obrigações diversas
Fornecedores
Empréstimos bancários a pagar
(–) Juros a transcorrer
Duplicatas descontadas
Duplicatas a pagar
Aluguéis a pagar
Obrigações trabalhistas
Salários a pagar
Comissões a pagar
INSS a pagar
FGTS a pagar
13º salário a pagar

Férias a pagar
Contribuição sindical a pagar
Obrigações tributárias
ICMS a recolher
Cofins a pagar
PIS s/ faturamento a pagar
IRPJ a pagar
CSLL a pagar
Passivo não circulante
Exigível a longo prazo
Obrigações diversas
Empréstimos a pagar a longo prazo
(−) Juros a transcorrer
Patrimônio líquido
Capital social
Capital social
Reservas de capital
Ágio na emissão de ações
Ajuste de avaliação patrimonial
Reserva de reavaliação
Reserva de lucros
Reserva legal
Reserva estatutária
Reserva de lucros a realizar
LPA
Lucros acumulados
Prejuízos acumulados
Total passivo

Entender esse modelo nos permite aprender a organizar os dados patrimoniais.

3.5 Contas de resultado

Essa é a primeira vez que abordamos esse grupo de contas em nosso estudo. As contas de resultado são de grande importância para o processo de evolução empresarial e, apesar de constituir um grupo de contas independente do patrimonial, afetam este último, pois são as responsáveis pelo processo de levantamento de lucro ou prejuízo de um período[12]. As contas de resultado têm como principal característica o encerramento dos seus saldos no momento da apuração.

12 O período de apuração dos resultados das empresas é chamado de *exercício social* ou *exercício financeiro*. Geralmente, o exercício social é igual ao calendário civil, ou seja, de um ano, porém existem períodos de apuração de resultados menores. Isso ocorre devido em virtude da legislação tributária.

As contas de resultado são ordenadas na **demonstração do resultado do exercício**, que consiste em uma exposição de todos os componentes que influenciaram no resultado da empresa. Assim como as contas patrimoniais, as contas de resultado são classificadas em dois grandes grupos: **despesas** e **receitas**. Veja cada um deles de forma mais detalhada a seguir.

3.5.1 Despesas

As contas de despesa correspondem aos valores gastos com a utilização de bens de consumo e a utilização de serviços de terceiros. Possuem as seguintes características:

- são criadas com a finalidade de aumentar uma receita;
- diminuem uma conta do ativo ou aumentam uma conta do passivo exigível.

Para você entender melhor as contas de despesas, verificaremos alguns exemplos de gastos com bens de consumo e com serviços de terceiros, estabelecendo um paralelo com as contas de despesas:

- gastos com água e esgoto – despesas com água e esgoto;
- gastos com aluguéis – despesas com aluguéis[13];
- gastos com material de limpeza – despesas com material de limpeza;
- gastos com material de expediente – despesas com material de expediente;
- gastos com salários – despesas com salários;
- gastos com impostos – despesas com impostos;
- gastos com juros – despesas com juros[14];
- gastos com descontos – descontos concedidos.

Existem inúmeras outras contas de despesas, tantas quantas forem necessárias para o desenvolvimento das atividades da empresa. Notadamente, são mais numerosas do que as contas de receitas.

A **despesa**, em uma análise mais simplificada, é sinônimo de **custo**; portanto, no resultado, esses dois termos devem ter, genericamente, o mesmo tratamento. O custo representa um gasto realizado. com a aquisição de mercadorias[15] e todos os demais gastos acessórios, como fretes, seguros etc. Também representa os gastos realizados no processo de produção industrial[16]. Exemplos de gastos que seriam custos:

13 As despesas com aluguéis também podem ser chamadas de *aluguéis passivos*.

14 Os gastos com juros também podem ser chamados de *juros passivos*.

15 Esse conceito é utilizado para definir o custo nas empresas comerciais.

16 Materiais, mão de obra e gastos gerais de fabricação.

- gastos com fretes na compra de mercadorias – custo com fretes;

- gastos com a mercadoria vendida – custo da mercadoria vendida.

As despesas da empresa são classificadas em dois grandes grupos: **operacionais** e **não operacionais**, segundo a ligação com o ramo de atividade da empresa.

As despesas operacionais são aquelas efetuadas para o desenvolvimento das atividades diretamente ligadas à natureza da empresa.

- **Despesas de venda:** Compreendem os gastos efetuados com a finalidade de aumentar as vendas. Exemplos: propaganda e publicidade, frete pago sobre uma venda efetuada, comissão paga ao vendedor.

- **Despesas administrativas:** Compreendem os gastos efetuados com a administração em geral. Exemplos: despesa com salários, aluguéis, luz/água/telefone, honorários contábeis, honorários advocatícios, café e lanche, material de expediente etc.

- **Despesas financeiras:** Compreendem os gastos efetuados com o pagamento de juros por atraso nos pagamentos da empresa ou despesas bancárias efetuadas para cobrança dos seus clientes. Também podemos classificar como despesa financeira os valores referentes aos descontos que a organização concede aos seus clientes (descontos concedidos).

- **Despesas tributárias:** Compreendem as despesas que são consideradas tributos, porém não os relativos à circulação de mercadorias, faturamento ou lucro. Exemplos: Imposto Predial e Territorial Urbano (IPTU), Imposto sobre Propriedade de Veículos Automotores (IPVA), contribuição de melhoria, taxas pagas etc.

- **Outras despesas operacionais:** Como podem constar, devido às diversificações de atividades, outros tipos de despesas que não conseguimos classificar nos grupos anteriores, destinamos esse grupo para classificar qualquer despesa que não se encaixe nos grupos anteriores.

As despesas não operacionais são aquelas que não estão diretamente ligadas à atividade-fim da empresa. Não fazem parte, pois, dos seus negócios comuns e rotineiros, como a perda contábil (despesa) na venda de um imóvel por uma fábrica de autopeças. Se o imóvel for vendido por uma empresa imobiliária e houver ganho, é considerado uma receita operacional; caso haja perda contábil, é considerado uma despesa operacional. É despesa não operacional:

- **Venda de imobilizado:** Sempre que um bem classificado no ativo imobilizado é vendido com uma perda (prejuízo contábil), esta é considerada uma despesa não operacional. Os bens classificados nesse grupo não possuem características de comercialização, portanto a venda destes não faz parte das atividades normais (operacionais) da empresa.

Compreender como são constituídas as despesas é fundamental para entendermos o que as receitas representam.

3.5.2 Receitas

As receitas representam os valores auferidos no momento das vendas das mercadorias ou dos outros bens da empresa ou no momento da prestação de serviços a terceiros. A principal característica das receitas é que, sempre que ocorrem, aumentam uma conta do ativo.

Para melhor entendermos as contas de receitas, verificaremos alguns exemplos de ganhos com a venda de bens e com a prestação de serviços de terceiros:

- ganhos com a venda de mercadorias – receitas com a venda de mercadorias;
- ganhos com aluguéis – receitas com aluguéis[17];
- ganhos com descontos – receitas com descontos obtidos;
- ganhos com juros – receitas com juros[18];
- ganhos com serviços prestados – receitas com serviços.

Como já sabemos, as receitas constituem-se nos ganhos que a empresa obtém dentro de suas atividades no mercado, podendo ser operacionais ou não operacionais.

As receitas operacionais são aquelas diretamente ligadas à natureza do negócio de uma companhia, entre as quais se enquadram:

- **Receitas de vendas/serviços:** Resultam de vendas de produtos e/ou serviços de uma empresa que tem por finalidade esse tipo de operação.

- **Receitas de comissões:** Quando as comissões têm valor significativo e caráter permanente, os valores assim obtidos devem ser considerados como receitas operacionais. Esse tipo de receita é gerada pelas empresas de representação comercial.

17 Os ganhos com aluguéis também podem ser chamados de *aluguéis ativos.*

18 Os ganhos com juros também podem ser chamados de *juros ativos.*

- **Descontos:** Os descontos obtidos de fornecedores, quando diretamente relacionados à operação da empresa, são também considerados receitas operacionais.

- **Juros:** Valor recebido a título de juros em transações de cobrança de clientes; também é considerado operacional o valor dos juros pagos pelas eventuais aplicações financeiras das empresas.

- **Receita com investimentos por equivalência patrimonial:** A equivalência patrimonial é representada pela participação na empresa no mercado de capitais (bolsa de valores), ou seja, participação em outras empresas, coligadas ou controladas. Como essa participação tem por objetivo gerar um retorno financeiro, quando for efetivado esse rendimento, teremos uma receita com investimentos avaliados pela equivalência patrimonial.

As receitas não operacionais são caracterizadas por atividades que não fazem parte dos negócios comuns e rotineiros da empresa, ou seja, a receita obtida com a venda de um imóvel por uma fábrica de autopeças não deve ser considerada receita operacional. Se o imóvel fosse vendido por uma empresa imobiliária, aí sim, esse valor seria considerado receita operacional. É receita não operacional:

- **Venda de imobilizado:** Sempre que um bem classificado no ativo imobilizado, este é vendido com um ganho (lucro contábil), sendo considerado uma receita não operacional. Os bens classificados nesse grupo não possuem características de comercialização, portanto a venda destes não faz parte das atividades normais (operacionais) da empresa.

Depois de abordarmos as despesas e as receitas, podemos compreender como é dada a apuração do resultado.

Obs.: Apesar de existirem efetivamente, as despesas e receitas não operacionais, de acordo com o Decreto nº 3000/1999 – Regulamento de Imposto de Renda – RIR/99, após a alteração da Lei nº 6.404/1976 por meio da Lei nº 11.941/2009, as despesas e receitas não operacionais passaram a figurar na Demonstração do Resultado do Exercício em um grupo chamado *Outras Receitas e Despesas*.

3.5.3 Apuração do resultado

Como já vimos, as contas de resultado têm por objetivo verificar se houve lucro ou prejuízo em um determinado período. Essa verificação é chamada de *apuração do resultado*, o qual deve ser apresentado obrigatoriamente em um demonstrativo chamado *demonstração do resultado do exercício* (DRE). Para fins de desenvolvimento do ensino-aprendizagem, o resultado deve ser apurado em uma conta chamada *apuração do resultado de exercício* (ARE). A apuração consiste na transferência de saldos de todas as contas de despesa e receita para a conta ARE, isto é, encerramos todas as contas de despesa e receita e transferimos esses saldos para a referida conta.

3.6 Plano de contas

Para que haja uma maior padronização, todas as contas devem figurar em uma ferramenta conhecida como *plano de contas*[19], que nada mais é do que uma lista completa de todas as contas que uma empresa utiliza durante o desenvolvimento de suas atividades operacionais.

No plano de contas, cada conta deve ser acompanhada de um número sequencial que é denominado de *código contábil*, o qual tem por finalidade agilizar ainda mais o processo de registro dos acontecimentos. Com a informatização do processo contábil, tornou-se imprescindível a utilização do código contábil das contas.

Vejamos como funciona o sistema de codificação do plano de contas, partindo da padronização da codificação[20] de cada grupo patrimonial e de resultado, conforme é demonstrado no Quadro 3.1.

Quadro 3.1 – Sistema de codificação de contas

Código	Grupo
1.	Ativo
2.	Passivo
3.	Despesa
4.	Receita
5.	Apuração de resultados

Vejamos agora como funciona a codificação integral de uma conta de cada grupo para podermos entender por completo o sistema de código e o plano de contas que será apresentado na sequência.

19 A elaboração do plano de contas é de responsabilidade do contabilista, que deve respeitar a legislação vigente e atender às necessidades da empresa.
20 Pode haver variação na codificação, principalmente dos grupos despesa e receita, de um autor para outro.

```
1.1.01.001, em que:  1. Ativo
                      1. Circulante
                      01. Disponível
                      001. Caixa
2.1.01.001, em que:  2. Passivo
                      1. Circulante
                      01. Obrigações diversas
                      001. Fornecedores
3.1.01.001, em que:  3. Despesas
                      1. Operacionais
                      01. Dedução da receita bruta
                      001. ICMS sobre vendas
4.1.01.001, em que:  4. Receita
                      1. Operacional
                      01. Receita bruta
                      001. Vendas de mercadorias
```

Elaboramos um plano de contas, que transcrevemos a seguir, para que você possa utilizá-lo como modelo caso precise, pois, como contabilista, você será o responsável pela elaboração do plano de contas e poderá encontrar inúmeras variações entre um plano de contas e outro. Vamos ao nosso exemplo.

1. Ativo	
1.1 Circulante	
1.1.01 Disponível	
1.1.01.001	Caixa
1.1.01.002	Bancos conta Movimento
1.1.01.003	Bancos conta Aplicações Financeiras
1.1.02 Valores a receber a curto prazo	
1.1.02.001	Clientes
1.1.02.002	(–) Perda com clientes
1.1.02.003	Duplicatas a receber
1.1.02.004	Notas promissórias a receber
1.1.03 Despesas antecipadas	
1.1.03.001	Vale-transporte a recuperar
1.1.03.002	Vale-refeição a recuperar
1.1.03.003	Seguros a apropriar
1.1.03.004	Aluguéis a apropriar
1.1.03.005	Juros a apropriar

(continua)

1.1.04 Impostos e contribuições a recuperar

1.1.04.001   Imposto de renda a recuperar

1.1.05 Estoques

1.1.05.001   Mercadorias

1.1.05.002   Matéria-prima

1.1.05.003   Produtos em elaboração

1.1.05.004   Produtos acabados

1.1.06 Contas gráficas

1.1.06.001   ICMS conta gráfica

1.1.06.002   Cofins conta gráfica

1.1.06.003   PIS s/faturamento conta gráfica

1.2 Ativo não circulante

1.2.01 Realizável a longo prazo

1.2.01.001   Duplicatas a receber a longo prazo

1.2.01.002   Títulos a receber a longo prazo

1.2.01.003   Notas promissórias a receber a longo prazo

1.2.02 Investimentos

1.2.02.001   Participações em controladas

1.2.02.002   Participações em coligadas

1.2.02.003   Imóveis de renda

1.2.02.004   Obras de arte

1.2.02.005   Ações de outras companhias

1.2.03 Imobilizado

1.2.03.001   Terrenos

1.2.03.002   Edifício

1.2.03.003   (–) Depreciação acumulada de edifícios

1.2.03.004   Máquinas e equipamentos

1.2.03.005   (–) Depreciação acumulada de máquinas e equipamentos

1.2.03.006   Veículo

1.2.03.007   (–) Depreciação acumulada de veículos

1.2.03.008   Móveis e utensílios

1.2.03.009   (–) Depreciação acumulada de móveis e utensílios

1.2.03.010   Computadores e periféricos

1.2.03.011   (–) Depreciação acumulada de computadores e periféricos

1.2.04 Intangível

1.2.04.001   Marcas

1.2.04.002   Patentes

1.2.04.003   Fundo de comércio

1.2.04.004   Direitos Autorais

1.2.04.005   (–) Amortização acumulada

2. Passivo

2.1 Circulante

2.1.01 Obrigações diversas

2.1.01.001	Fornecedores
2.1.01.002	Títulos a pagar
2.1.01.003	Empréstimos bancários
2.1.01.004	Aluguéis a pagar
2.1.01.005	Empréstimos bancários a pagar
2.1.01.006	(–) Juros a transcorrer sobre empréstimos bancários
2.1.01.007	Duplicatas descontadas
2.1.01.008	Financiamentos a pagar
2.1.01.009	(–) Juros a transcorrer sobre financiamentos

2.1.02 Obrigações trabalhistas

2.1.02.001	Salários a pagar
2.1.02.002	Comissões a pagar
2.1.02.003	INSS a pagar
2.1.02.004	FGTS a pagar
2.1.02.005	Provisão de 13º salário a pagar
2.1.02.006	Provisão de férias a pagar
2.1.02.007	Contribuição sindical a recolher
2.1.02.008	Provisão de 13º salário a pagar
2.1.02.009	Provisão de férias a pagar
2.1.02.010	Contribuição sindical a recolher

2.1.03 Obrigações tributárias

2.1.03.001	ICMS a recolher
2.1.03.002	Cofins a recolher
2.1.03.003	PIS s/faturamento a recolher
2.1.03.004	Provisão de Imposto de Renda Pessoa Jurídica a pagar
2.1.03.005	Provisão para adicional de Imposto Renda a pagar
2.1.03.006	Provisão de contribuição social sobre o lucro a pagar

2.2 Passivo não circulante

2.2.01 Obrigações exigíveis a longo prazo

2.2.01.001	Empréstimos bancários a pagar a longo prazo
2.2.01.002	(–) Juros a transcorrer sobre empréstimos bancários a longo prazo
2.2.01.003	Financiamentos a pagar a longo prazo
2.2.01.004	(–) Juros a transcorrer sobre financiamentos a longo prazo

2.3 Patrimônio líquido

2.3.01 Capital social

2.3.01.001	Capital
2.3.01.002	(–) Capital a integralizar

2.3.02 Reservas de capital	
2.3.02.001	Ágio na emissão de ações
2.3.02.002	Subvenções e doações
2.3.03 Ajuste de avaliação patrimonial	
2.3.03.001	Reserva de reavaliação
2.3.04 Reserva de lucro	
2.3.04.001	Reserva legal
2.3.04.002	Reserva estatuária
2.3.04.003	Reserva de lucros a realizar
2.3.04.004	Reserva especial
2.3.04.005	Reserva de contingência
2.3.05 Lucros ou prejuízos acumulados	
2.3.05.001	Lucros acumulados
2.3.05.002	Prejuízos acumulados
3. Despesas	
3.1 Deduções e custos	
3.1.01 (–) Deduções da receita bruta	
3.1.01.001	(–) ICMS sobre vendas
3.1.01.002	(–) Cofins
3.1.01.003	(–) PIS s/faturamento
3.1.01.004	(–) ISS
3.1.01.005	(–) IPI
3.1.01.006	(–) Devoluções de vendas
3.1.02 (–) Custo das vendas	
3.1.02.001	(–) Custo das mercadorias vendidas
3.1.02.002	(–) Custo dos serviços prestados
3.2 (–) Despesas operacionais	
3.2.01 (–) Despesas de vendas	
3.2.01.001	(–) Comissões sobre venda
3.2.01.002	(–) INSS sobre comissões de venda
3.2.01.003	(–) FGTS sobre comissões de venda
3.2.01.004	(–) Fretes e carretos
3.2.01.005	(–) Propaganda e publicidade
3.2.02 (–) Despesas administrativas	
3.2.02.001	(–) Salários
3.2.02.002	(–) INSS sobre salários
3.2.02.003	(–) FGTS sobre salários
3.2.02.004	(–) Provisão para 13° salários e encargos
3.2.02.005	(–) Provisão para férias e encargos
3.2.02.006	(–) Aluguéis
3.2.02.007	(–) Vale-transporte
3.2.02.008	(–) Vale-refeição

3.2.02.009	(–) Café e lanche
3.2.02.010	(–) Seguros
3.2.02.011	(–) Veículos – combustíveis
3.2.02.012	(–) Veículos – manutenção
3.2.02.013	(–) Veículos – peças
3.2.02.014	(–) Pró-labore
3.2.02.015	(–) Honorários contábeis
3.2.02.016	(–) Honorários advocatícios
3.2.02.017	(–) Depreciação
3.2.02.018	(–) Material de limpeza
3.2.02.019	(–) Material de expediente

3.2.03 (+/–) Resultado financeiro líquido

3.2.03.001	(–) Bancária
3.2.03.002	(–) Juros passivos
3.2.03.003	(–) Descontos concedidos
3.2.03.005	(–) Cofins sobre receitas financeiras
3.2.03.006	(–) PIS s/faturamento sobre receitas financeiras

3.2.04 (–) Despesas tributárias

3.2.04.001	(–) IPTU
3.2.04.002	(–) IPVA
3.2.04.003	(–) CPMF
3.2.04.004	(–) Taxas e contribuições diversas

3.2.05 (–) Outras despesas

3.2.05.001	(–) Cofins sobre outras receitas
3.2.05.002	(–) PIS s/faturamento sobre outras receitas
3.2.05.003	(–) Outras despesas
3.3.05.004	(–) Perda com baixa do imobilizado
3.3.05.005	(–) Perda com equivalência patrimonial

3.3 (=) Provisões de Imposto de Renda

3.3.01.001	(–) Provisão para o Imposto de Renda de Pessoa Jurídica
3.3.01.002	(–) Provisão para adicional do Imposto de Renda
3.3.01.003	(–) Provisão para a contribuição social sobre o lucro

4. Receitas

4.1 Receita operacional

4.1.01 Receita operacional bruta

4.1.01.001	Receita com vendas de mercadorias
4.1.01.002	Receita com prestação de serviços

4.1.02 (=) Receita operacional líquida

4.1.03 (+) Receitas financeiras líquidas

4.1.03.001	(+) Juros ativos
4.1.03.002	(+) Descontos obtidos

4.1.04 (+) Outras receitas

4.1.04.001	Receitas com aluguel
4.1.04.002	Outras receitas
4.1.04.003	Ganho com baixa do imobilizado
4.1.04.004	Ganho com equivalência patrimonial

5. Apuração do resultado

5.1 (=) Lucro operacional bruto

5.2 (=) Lucro operacional líquido

5.3 (=) Lucro ou prejuízo antes do Imposto de Renda e contribuição
social sobre o lucro

5.4 (=) Lucro depois do Imposto de Renda

5.5 Distribuição dos resultados

5.5.01 Participações

5.5.01.001   (–) Participações de empregados

5.5.01.002   (–) Participações de administradores

5.6 (=) Lucro ou prejuízo de líquido do exercício

A seguir será demonstrado um plano de contas disposto de acordo com a demonstração do resultado do exercício.

Demonstração do resultado do exercício

4.1.01 Receita operacional bruta

4.1.01.001   Receita com vendas de mercadorias

4.1.01.002   Receita com prestação de serviços

3.1.01 (–) Deduções da receita bruta

3.1.01.001   (–) ICMS sobre vendas

3.1.01.002   (–) Cofins

3.1.01.003   (–) PIS s/faturamento

3.1.01.004   (–) ISS

3.1.01.005   (–) IPI

3.1.01.006   (–) Devoluções de vendas

4.1.02 (=) Receita operacional líquida

3.1.02 (–) Custo das vendas

3.1.02.001   (–) Custo das mercadorias vendidas

3.1.02.002   (–) Custo dos serviços prestados

5.1 (=) Lucro operacional bruto

3.2 (–) Despesas operacionais

3.2.01 (–) Despesas de vendas

3.2.01.001   (–) Comissões sobre venda

3.2.01.002   (–) INSS sobre comissões de venda

3.2.01.003   (–) FGTS sobre comissões de venda

3.2.01.004   (–) Fretes e carretos

3.2.01.005   (–) Propaganda e publicidade

3.2.02 (–) Despesas administrativas

(continua)

3.2.02.001	(–) Salários
3.2.02.002	(–) INSS sobre salários
3.2.02.003	(–) FGTS sobre salários
3.2.02.004	(–) Provisão para 13º salários e encargos
3.2.02.005	(–) Provisão para férias e encargos
3.2.02.006	(–) Aluguéis
3.2.02.007	(–) Vale-transporte
3.2.02.008	(–) Vale-refeição
3.2.02.009	(–) Café e lanche
3.2.02.010	(–) Seguros
3.2.02.011	(–) Veículos – combustíveis
3.2.02.012	(–) Veículos – manutenção
3.2.02.013	(–) Veículos – peças
3.2.02.014	(–) Pró-labore
3.2.02.015	(–) Honorários contábeis
3.2.02.016	(–) Honorários advocatícios
3.2.02.017	(–) Depreciação
3.2.02.018	(–) Material de limpeza
3.2.02.019	(–) Material de expediente
3.2.03 (+/–) Resultado financeiro líquido	
3.2.03.001	(–) Bancos
3.2.03.002	(–) Juros passivos
3.2.03.003	(–) Descontos concedidos
4.1.03.001	(+) Juros ativos
4.1.03.002	(+) Descontos obtidos
3.2.03.004	(–) Cofins s/receitas financeiras
3.2.03.005	(–) PIS s/faturamento s/receitas financeiras
3.2.04 (–) Despesas tributárias	
3.2.04.001	(–) IPTU
3.2.04.002	(–) IPVA
3.2.04.003	(–) CPMF
3.2.04.004	(–) Taxas e contribuições diversas
5.2. (=) Lucro operacional líquido	
3.2. ou 4.1.04. (+/–) Outras receitas ou despesas	
4.1.04.001	Receitas com aluguel
4.1.04.002	Outras receitas
3.3.01.002	(–) Perda com equivalência patrimonial
5.3 (=) Lucro ou prejuízo antes do Imposto de Renda	
3.4 (–) Provisões de Imposto de Renda e contribuição social sobre lucro	
3.4.01.001	(–) Provisão para o Imposto de Renda de Pessoa Jurídica
3.4.01.002	(–) Provisão para adicional do Imposto de Renda
3.4.01.003	(–) Provisão para a contribuição social sobre o lucro

5.4 (=) Lucro depois do Imposto de Renda e contribuição social sobre lucro

5.5 (–) Distribuição dos resultados

5.5.1 (–) Participações

5.5.01.001   (–) Participações de empregados

5.5.01.002   (–) Participações de administradores

5.6 (=) Lucro ou prejuízo de líquido do exercício

3.3.01.001   (–) Perda com baixa do ativo imobilizado

4.1.04.003   Ganho com baixa do imobilizado

4.1.04.004   Ganho com equivalência patrimonial

3.2.05.001   (-) COFINS sobre outras receitas

3.2.05.002   (-) PIS sobre faturamento sobre outras receitas

3.2.05.003   (-) Outras despesas

3.2.05.004   (-) Perda com baixa do ativo imobilizado

3.2.05.005   (-) Perda com equivalência patrimonial

5.3. (=) Lucro ou prejuízo antes do Imposto de Renda

3.3. (-) Provisões de Imposto de Renda e contribuição social sobre lucro

3.3.01.001   (-) Provisão para o Imposto de Renda de Pessoa Jurídica

3.3.01.002   (-) Provisão para Adicional do Imposto de Renda

3.3.01.003   (-) Provisão para a contribuição social sobre o lucro

5.4. (=) Lucro depois do Imposto de Renda e contribuição social sobre lucro

5.5. (–) Distribuição dos resultados

5.5.1. (–) Participações

5.5.01.001   (-) Participações de empregados

5.5.01.002   (-) Participações de administradores

5.6. (=) Lucro ou prejuízo de líquido do exercício

Esse plano nos auxilia a visualizar melhor o esquema técnico do resultado.

3.7 Noções de débito e de crédito

Os termos *débito* e *crédito*, no nosso cotidiano, são, por si sós, de fácil compreensão. Porém, temos de tomar cuidado com o seu uso no meio contábil, pois nem sempre expressam o mesmo que significam no dia a dia.

Geralmente, o termo *débito* está ligado à dívida, à obrigação de pagar etc. Então, não é comum que o grupo que representa os elementos positivos – o ativo – tenha essa expressão. Em relação ao patrimônio, contudo, nós temos de perceber que todos os elementos que estão listados no ativo representam bens e direitos da empresa, os quais ela deve para alguém, seja para sócios, seja para terceiros.

Já no passivo, que representa o grupo de elementos negativos, *crédito* demonstra apenas a relação das pessoas que disponibilizaram recursos para a empresa, tornando-se, assim, os credores da empresa.

Desse modo, podemos afirmar que, em relação ao patrimônio, os termos assumem um significado específico, próprio da área contábil, como você pode observar a seguir.

- **Passivo:** É crédito porque representa valores que sócios ou terceiros disponibilizaram para a empresa, representando a origem de recursos, ou seja, são valores que aqueles cederam para a empresa, tendo direito, então, de cobrá-los futuramente.

- **Ativo:** É débito porque a empresa efetuou as aplicações de recursos, que representam os bens e direitos empresariais; contudo, ao receber esses bens e direitos, a empresa deve todos esses recursos para sócios ou terceiros.

Balanço patrimonial

Ativo	Passivo
Débito	Crédito

Porém, quando os termos *débito* e *crédito* estão ligados ao resultado do exercício, a interpretação tem uma ligeira diferença em relação ao patrimônio, pois, no primeiro contexto (resultado do exercício), as despesas significam "gastos da empresa", estando, assim, ligadas a uma saída de recursos, ou seja, a um débito da empresa. Já as receitas demonstram ganhos da empresa, representando, assim, uma entrada de recursos que são considerados créditos.

Resultado do exercício

Despesas	Receitas
Débito	Crédito

3.7.1 Método das partidas dobradas

O registro de todos os fatos ocorridos no cotidiano da empresa é efetuado por meio do **método das partidas dobradas**, que foi publicado em 1494 pelo Frei Luca Pacioli, o qual afirma que para cada débito corresponde um ou mais créditos de igual valor, e vice-versa.

Segundo Iudícibus (1986, p. 52),

A essência do método, hoje universalmente aceito, é que o registro de qualquer operação implica que a um débito ou mais de um débito, numa ou mais contas, deve corresponder um crédito equivalente em uma ou mais contas, de forma que a soma dos valores debitados seja sempre igual à soma dos valores creditados. Não há débito(s) sem crédito(s) correspondente(s).

Essa afirmação confirma a igualdade entre o ativo e o passivo, pois sempre que há um crédito, existe um débito, e vice-versa, de tal forma a fazer com que os valores tanto do ativo como do passivo sejam sempre iguais. Como o resultado apurado pelas contas de despesa e receita integra o patrimônio por meio da conta dos lucros e prejuízos acumulados, reforça-se ainda mais a teoria de igualdade entre o ativo e o passivo.

Um débito é responsável pelas seguintes alterações no sistema contábil:

• aumento do saldo das contas do ativo;

• redução do saldo das contas do passivo e das contas retificadoras do ativo;

• aumento do saldo das contas de despesas.

Um crédito é responsável pelas seguintes alterações no sistema contábil:

• redução do saldo das contas do ativo e das contas retificadoras do passivo;

• aumento do saldo das contas do passivo;

• aumento do saldo das contas de receita.

Vejamos a seguir um esquema que pode facilitar o processo de lançamento utilizando o débito e o crédito.

Quadro auxiliar de lançamento

Grupo de contas	Débito	Crédito
Ativo	Aumenta o saldo	Diminui o saldo
Retificadoras do ativo	Diminui o saldo	Aumenta o saldo
Passivo exigível	Diminui o saldo	Aumenta o saldo
Patrimônio líquido (PL)	Diminui o saldo	Aumenta o saldo
Retificadoras do passivo	Aumenta o saldo	Diminui o saldo
Retificadoras do PL	Aumenta o saldo	Diminui o saldo

Despesas	Aumenta o saldo	Diminui o saldo[1]	91
Receita	Diminui o saldo[1]	Aumenta o saldo	

Nota: (1) Essas situações acontecem apenas em caso de estorno (ato de tornar sem efeito um lançamento realizado de maneira indevida).

3.7.2 Natureza das contas

A natureza das contas está intimamente ligada à sua origem, ou seja, cada conta tem a sua natureza definida em função do grupo a que está relacionada. Vejamos como funciona:

- As contas do ativo estão ligadas ao débito no balanço patrimonial; possuem, pois, natureza devedora.

- As contas do passivo estão ligadas ao crédito no balanço patrimonial; possuem, pois, natureza credora.

- As contas de despesa estão ligadas ao débito no resultado do exercício; possuem, pois, natureza devedora.

- As contas de receitas estão ligadas ao lado do crédito no resultado do exercício; possuem, pois, natureza credora.

Entendermos a natureza das contas é fundamental para compreendermos sua função.

3.8 Função e funcionamento das contas

A questão da função e do funcionamento das contas está relacionada com a sua utilização, ou seja, com a maneira como é utilizada no processo de escrituração, de acordo com o método das partidas dobradas. Logo, o funcionamento das contas está relacionado à possibilidade de receberem débito ou crédito em cada acontecimento registrado pela contabilidade.

Genericamente, a **função das contas do ativo** é demonstrar todos os bens e direitos da empresa em um determinado momento. Para tal, essas contas funcionam de duas formas:

- **A débito**: Registro de todas as entradas de bens e direitos da empresa.

- **A crédito**: Registro de todas as saídas de bens e diretos da empresa.

Da mesma forma, a **função das contas do passivo** é demonstrar todas as obrigações para com terceiros e as dívidas para com os proprietários em determinado momento. Para tal, essas contas funcionam de dois modos:

- **A débito:** Registro de todas as reduções das obrigações da empresa e dos investimentos dos proprietários.

- **A crédito:** Registro de todos os aumentos das obrigações com terceiros da empresa e os aumentos de investimentos dos proprietários na empresa.

A **função das contas de despesas**, em geral, é demonstrar todos os gastos realizados pela empresa com bens de consumo e serviços que lhe foram prestados. As contas de despesas funcionam da seguinte forma:

- **A débito:** Registro de todas as utilizações de serviços que lhe foram prestados e dos bens de consumo.

- **A crédito:** Registro do estorno de lançamentos indevidos nas despesas.

A **função das contas de receitas**, em geral, é demonstrar todos os ganhos da empresa com suas vendas de bens, prestações de serviços e atividades acessórias[21]. Funcionam do seguinte modo:

- **A débito:** Registro do estorno de lançamentos indevidos nas receitas.

- **A crédito:** Registro de todos os ganhos com serviços prestados, venda de bens e atividades acessórias.

Síntese

Este capítulo pode ser resumido nos conceitos a seguir.

- **Conta:** Nome técnico dado aos elementos patrimoniais (bens, direitos, obrigações e patrimônio líquido) e aos elementos de resultado (despesas e receitas).

- **Classificação ou divisão do ativo:** Ativo circulante e ativo não circulante (realizável a longo prazo, investimentos, imobilizado e intangível).

- **Classificação ou divisão do passivo:** Passivo circulante, passivo não circulante e patrimônio líquido.

- **Balanço patrimonial:** Exposição dos componentes patrimoniais por meio da apresentação ordenada de suas aplicações de recursos e das origens desses recursos.

- **Contas de resultado:** Despesas e receitas que servem para apurar o lucro ou prejuízo de determinado período.

- **Plano de contas:** Relação completa de todas as contas que uma empresa utiliza durante o desenvolvimento de suas atividades operacionais.

- **Método das partidas dobradas:** Para cada débito existe crédito de valor correspondente.

A empresa Praticando Ltda. apresentou as seguintes contas com seus respectivos saldos levantados em 31 de dezembro de 2002.

em Reais

Contas	Saldo
Fornecedores	22.531,34
Clientes	21.316,06
Cofins a recuperar	1.724,67
Máquinas e equipamentos	21.345,00
Imóveis de renda	50.500,00
Caixa	1.750,23
Salários a pagar	19.997,13
Financiamento a pagar a longo prazo	90.500,00
Lucro ou prejuízos acumulados	16.443,50
Patentes	100.000,00
Notas promissórias a pagar	12.085,46
ICMS a recolher	2.788,99
Computadores e periféricos	5.772,22
Mercadorias	19.450,12
Imóveis	45.500,00
Empréstimos bancários a pagar a longo prazo	37.000,00
Notas promissórias a receber a longo prazo	12.000,00
Capital social	80.000,00
Bancos aplicação financeira	1.988,12

Levando em consideração o balancete de verificação, classifique cada conta em relação aos elementos patrimoniais e, em seguida, elabore um balanço patrimonial.

Resposta:

Praticando Ltda.
CNPJ 00.000.000/0003-00
Balanço Patrimonial
Levantado em 31 de dezembro de 20_2

em Reais

Ativo		Passivo	
Circulante		**Circulante**	
Disponível		Obrigações diversas	
Caixa	1.750,23	Fornecedores	22.531,34
Banco conta Aplicação Financeira	1.988,12	Nota prom. a pagar	12.085,46
Valores a receber a curto prazo		Obrigações trabalhistas	
Clientes	21.316,06	Salários a pagar	19.997,13
Mercadorias		Obrigações tributárias	
Mercadorias	19.450,12	ICMS a recolher	2.788,99
Impostos a recuperar		**Não circulante**	
Cofins a recuperar	1.724,67	Exigível a longo prazo	
Não circulante		Empréstimos a pagar LP	37.000,00
Realizável a longo prazo (LP)	12.000,00	Financiamento a pagar LP	90.500,00
Nota prom. a receber LP		**Patrimônio líquido**	
Investimentos		Capital social	
Imóveis de renda	50.500,00	Capital social	80.000,00
Imobilizado		LPA	
Imóveis	45.500,00	Lucros acumulados	16.443,50
Máquinas e equipamentos	21.345,00		
Computadores e periféricos	5.772,22		
Intangível			
Patentes	100.000,00		
Total do ativo	281.346,42	Total do passivo	281.346,42

Questões para revisão

1. Em que consiste o método das partidas dobradas?

2. O balanço patrimonial é um demonstrativo que tem por finalidade expor todos os elementos patrimoniais de forma ordenada. Por se tratar de um demonstrativo obrigatório por lei, deverá ser bem identificado. Quais são os elementos que devem figurar no cabeçalho desse relatório?

3. Grupo de contas que correspondem aos valores dos gastos com a utilização de bens de consumo e com a utilização de serviços de terceiros:

95

   a) Ativo.
   b) Passivo.
   c) Despesas.
   d) Receitas.

4. Um lançamento a débito pode:

   a) aumentar o saldo das contas do passivo.
   b) diminuir o saldo das contas do ativo.
   c) aumentar o saldo das contas de receita.
   d) aumentar o saldo das contas o ativo.

5. Representam apenas contas do ativo não circulante:

   a) Caixa, imóveis, patentes, fornecedores.
   b) Notas promissórias a receber a longo prazo, veículos, marcas, participação em outras companhias.
   c) Financiamentos a pagar a longo prazo, capital social, lucros acumulados, ações em tesouraria.
   d) Banco conta Movimento, móveis e utensílios, ouro, mercadorias.

Contabilização 4

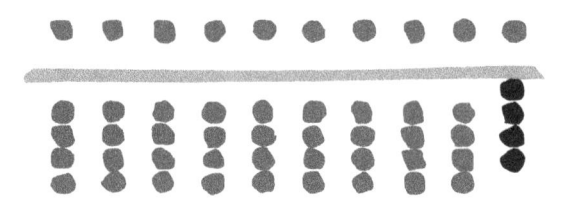

Conteúdos do capítulo:

- Atos e fatos administrativos;
- Lançamentos contábeis;
- Escrituração contábil e seus livros;
- Convenções e princípios contábeis;
- Razonetes;
- Regimes contábeis;
- Apropriação dos ajustes contábeis.

Após o estudo deste capítulo, você será capaz de:

- identificar e diferenciar os atos e fatos contábeis;
- classificar os tipos de fatos contábeis;
- compreender e utilizar o mecanismo do lançamento contábil;
- identificar os tipos de livros contábeis;
- compreender a técnica de escrituração;
- identificar e compreender os princípios e as convenções contábeis;
- compreender o mecanismo didático de utilização do razonete;
- utilizar os razonetes para elaboração de lançamentos contábeis;
- identificar os tipos de regimes contábeis;
- aplicar os regimes contábeis para apropriação dos ajustes contábeis.

*A*s empresas desenvolvem suas atividades em função dos acontecimentos do cotidiano. A sua evolução deve ser registrada no sistema contábil com a finalidade de viabilizar informações para que os usuários possam tomar suas decisões gerenciais.

Este capítulo tem por objetivo demonstrar as características do processo de contabilização dos acontecimentos ocorridos na empresa em um determinado período.

4.1 Atos administrativos

Todas as ocorrências durante o processo de evolução empresarial são chamadas de *atos* ou *fatos administrativos*.

Os atos administrativos são as ocorrências que não provocam alterações no patrimônio da empresa. São característicos de acontecimentos baseados em assinatura de contratos diversos. Exemplos: avalização de títulos, fianças em favor de terceiros, contratação de seguros, contratação de funcionários, assinatura de abertura de conta-corrente etc.

Ressaltamos que é o **momento da ocorrência** que caracteriza o ato administrativo. Portanto, todos os atos podem proporcionar mudanças futuras no patrimônio da empresa. Exemplo: a assinatura do contrato de trabalho de um funcionário (ato administrativo) gerará, no futuro, gastos com o salário desse funcionário, o que afetará o patrimônio da empresa.

Os atos administrativos não necessitam de registro em contas patrimoniais ou de resultado.

4.2 Fatos administrativos

O fato administrativo é aquele cuja ocorrência acarreta variações do patrimônio da empresa, podendo ou não afetar o patrimônio líquido, devendo ser contabilizado na empresa por meio de contas patrimoniais ou de resultado. Os fatos administrativos, conforme suas características, são classificados em: **permutativo**, **modificativo** e **misto**. Veja a seguir uma explicação a respeito de cada um deles.

4.2.1 Fato permutativo

Esse tipo de ocorrência provoca alteração no patrimônio da empresa, sem afetar o patrimônio líquido. O fato permutativo deve sempre ser contabilizado em contas patrimoniais, sem envolver as contas do patrimônio líquido ou as contas de resultado.

Os fatos permutativos podem desenvolver-se da seguinte maneira:

- com permuta somente em contas do ativo, não variando o valor do total do patrimônio;
- com permuta somente em contas do passivo exigível, não variando o valor do total do patrimônio;
- com permuta entre contas do ativo e do passivo exigível, podendo aumentar ou diminuir o valor total do patrimônio.

Baseando-nos no balanço patrimonial a seguir, realizaremos lançamentos que envolvem fatos permutativos para a nossa análise.

Empresa GRKA Ltda.
CNPJ 00.000.000/0004-00
Balanço Patrimonial
Levantado em 01 de dezembro de 20_1

em Reais

Ativo		Passivo	
Circulante		**Circulante**	
Caixa	600,00	Fornecedores	8.000,00
Banco conta Movimento	5.800,00	Salários a pagar	3.000,00
Duplicatas a receber	3.200,00	Empréstimos a pagar	2.200,00
Clientes	5.000,00	**Não circulante**	
Mercadorias	2.400,00	Empréstimos a pagar	3.200,00
Não circulante		a longo prazo	
Realizável a longo prazo		**Patrimônio líquido**	
Duplicatas a receber	2.800,00	Capital social	13.200,00
Investimentos		LPA	6.400,00
Ações em outras companhias	4.900,00		
Imobilizado			
Imóveis	10.000,00		
Veículos	4.000,00		
(–) Deprec. acumulada	(2.700,00)		
Total ativo	**36.000,00**	**Total passivo**	**36.000,00**

- Fato permutativo em contas do ativo: 10/12/20_1 – compra de mercadorias com cheque no valor de R$ 1.200,00:

Empresa GRKA Ltda.
CNPJ 00.000.000/0004-00
Balanço Patrimonial
Levantado em 10 de dezembro de 20_1

em Reais

Ativo		Passivo	
Circulante		**Circulante**	
Caixa	600,00	Fornecedores	8.000,00
Banco conta Movimento	**4.600,00**	Salários a pagar	3.000,00
Duplicatas a receber	3.200,00	Empréstimos a pagar	2.200,00
Clientes	5.000,00	**Não circulante**	
Mercadorias	**3.600,00**	Empréstimos a pagar a	3.200,00
Não circulante		longo prazo	
Realizável a longo prazo		**Patrimônio líquido**	
Duplicatas a receber	2.800,00	Capital social	13.200,00
Investimentos		LPA	6.400,00
Ações em outras companhias	4.900,00		
Imobilizado			
Imóveis	10.000,00		
Veículos	4.000,00		
(–) Deprec. acumulada	(2.700,00)		
Total ativo	**36.000,00**	**Total passivo**	**36.000,00**

Note que houve alteração no patrimônio envolvendo apenas contas do ativo; não houve alteração do patrimônio líquido nem do patrimônio total.

• **Novo fato**

Fato permutativo em contas do passivo: 15/12/20_1 – na conta dos salários a pagar, do balanço que estamos analisando, estava contabilizado também o valor dos impostos a serem recolhidos para o governo. Agora vamos efetuar a separação dos impostos, que totalizam R$ 300,00:

Empresa GRKA Ltda.
CNPJ 00.000.000/0004-00
Balanço Patrimonial
Levantado em 15 de dezembro de 20_1

em Reais

Ativo		Passivo	
Circulante		**Circulante**	
Caixa	600,00	Fornecedores	8.000,00
Banco conta Movimento	4.600,00	Salários a pagar	**2.700,00**
Duplicatas a receber	3.200,00	Impostos a pagar	**300,00**
Clientes	5.000,00	Empréstimos a pagar	2.200,00
Mercadorias	3.600,00	**Não circulante**	
Não circulante		Empréstimos a pagar a	3.200,00
Realizável a longo prazo		longo prazo	
Duplicatas a receber	2.800,00	**Patrimônio líquido**	
Investimentos		Capital social	13.200,00
Ações em outras companhias	4.900,00	LPA	6.400,00
Imobilizado			
Imóveis	10.000,00		
Veículos	4.000,00		
(–) Deprec. acumulada	(2.700,00)		
Total ativo	**36.000,00**	**Total passivo**	**36.000,00**

Nesse balanço, observamos que houve alteração no patrimônio envolvendo apenas contas do passivo exigível; não houve alteração do patrimônio líquido nem do patrimônio total.

- **Novo fato**

Fato permutativo entre contas do ativo e do passivo: 20/12/20_1 – pagamento a fornecedores com cheque no valor de R$ 1.000,00:

Empresa GRKA Ltda.

CNPJ 00.000.000/0004-00

Balanço Patrimonial

Levantado em 20 de dezembro de 20_1

em Reais

Ativo		Passivo	
Circulante		**Circulante**	
Caixa	600,00	Fornecedores	**7.000,00**
Banco conta Movimento	**3.600,00**	Salários a pagar	2.700,00
Duplicatas a receber	3.200,00	Impostos a pagar	300,00
Clientes	5.000,00	Empréstimos a pagar	2.200,00
Mercadorias	3.600,00	**Não circulante**	
Não circulante		Empréstimos a pagar a longo prazo	3.200,00
Realizável a longo prazo		**Patrimônio líquido**	
Duplicatas a receber	2.800,00	Capital social	13.200,00
Investimentos		LPA	6.400,00
Ações em outras companhias	4.900,00		
Imobilizado			
Imóveis	10.000,00		
Veículos	4.000,00		
(–) Deprec. acumulada	(2.700,00)		
Total ativo	**35.000,00**	**Total passivo**	**35.000,00**

Nesse balanço, houve alteração no patrimônio que envolveu contas do ativo e do passivo e que provocou redução do patrimônio total, porém não houve alteração do patrimônio líquido.

- **Novo fato**

Fato permutativo entre contas do ativo e do passivo: 31/12/20_1 – compra de mercadorias a prazo no valor de R$ 700,00:

Empresa GRKA Ltda.
CNPJ 00.000.000/0004-00
Balanço Patrimonial
Levantado em 31 de dezembro de 20_1

em Reais

Ativo		Passivo	
Circulante		**Circulante**	
Caixa	600,00	Fornecedores	**7.700,00**
Banco conta Movimento	3.600,00	Salários a pagar	2.700,00
Duplicatas a receber	3.200,00	Impostos a pagar	300,00
Clientes	5.000,00	Empréstimos a pagar	2.200,00
Mercadorias	**4.300,00**	**Não circulante**	
Não circulante		Empréstimos a pagar a longo prazo	3.200,00
Realizável a longo prazo		**Patrimônio líquido**	
Duplicatas a receber	2.800,00	Capital social	13.200,00
Investimentos		LPA	6.400,00
Ações em outras companhias	4.900,00		
Imobilizado			
Imóveis	10.000,00		
Veículos	4.000,00		
(–) Deprec. acumulada	(2.700,00)		
Total ativo	**35.700,00**	**Total passivo**	**35.700,00**

Agora houve alteração no patrimônio envolvendo contas do ativo e do passivo que provocou o aumento do patrimônio total, porém não houve alteração do patrimônio líquido.

Exercício resolvido

Considerando a continuidade das atividades da empresa, efetue o lançamento proposto e indique que tipo de fato administrativo permutativo ocorreu:

Fato: 10/01/20_2 – compra a prazo, com utilização de nota promissória, de móveis e utensílios para a utilização da empresa por R$ 2.000,00:

Empresa GRKA Ltda.
CNPJ 00.000.000/0004-00
Balanço Patrimonial
Levantado em 10 de janeiro de 20_2

em Reais

Ativo		Passivo	
Circulante		**Circulante**	
Caixa	600,00	Fornecedores	7.700,00
Banco conta Movimento	3.600,00	Salários a pagar	2.700,00
Duplicatas a receber	3.200,00	Impostos a pagar	300,00
Clientes	5.000,00	Empréstimos a pagar	2.200,00
Mercadorias	4.300,00	Notas promissórias a pagar	**2.000,00**
Não circulante		**Não circulante**	
Realizável a longo prazo		Empréstimos a pagar a longo prazo	3.200,00
Duplicatas a receber	2.800,00	**Patrimônio líquido**	
Investimentos		Capital social	13.200,00
Ações em outras companhias	4.900,00	LPA	6.400,00
Imobilizado			
Imóveis	10.000,00		
Veículos	4.000,00		
Móveis e utensílios	**2.000,00**		
(–) Deprec. acumulada	(2.700,00)		
Total ativo	37.700,00	**Total passivo**	37.700,00

Resposta: Fato permutativo entre contas do ativo e do passivo com aumento do patrimônio total.

4.2.2 Fato modificativo

Esse tipo de ocorrência provoca alteração no patrimônio da empresa, implicando diretamente alteração no patrimônio líquido. O fato modificativo pode ser contabilizado utilizando-se apenas contas do patrimônio, contanto que uma das contas faça parte do patrimônio líquido. No entanto, as movimentações ocorrem normalmente envolvendo uma conta patrimonial e uma conta de resultado.

Os fatos modificativos, portanto, podem desenvolver-se da seguinte maneira: modificando o patrimônio total e o patrimônio líquido e provocando aumento (modificativo aumentativo); modificando o patrimônio total e o patrimônio líquido e provocando redução (modificativo diminutivo).

Exemplo: Dando sequência ao exemplo anterior (Balanço de 10 de janeiro de 20_2), verificaremos como ficará o próximo balanço patrimonial depois de um fato modificativo.

- **Novo fato**

  Fato modificativo aumentativo: 15/01/20_2 – venda à vista de mercadoria totalizando R$ 1.000,00[1]:

Empresa GRKA Ltda.
CNPJ 00.000.000/0004-00
Balanço Patrimonial
Levantado em 15 de janeiro de 20_2

em Reais

Ativo		Passivo	
Circulante		**Circulante**	
Caixa	**1.600,00**	Fornecedores	7.700,00
Banco conta Movimento	3.600,00	Salários a pagar	2.700,00
Duplicatas a receber	3.200,00	Impostos a pagar	300,00
Clientes	5.000,00	Empréstimos a pagar	2.200,00
Mercadorias	4.300,00	Notas promissórias a pagar	2.000,00
Não circulante		**Não circulante**	
Realizável a longo prazo	2.800,00	Empréstimos a pagar a longo prazo	3.200,00
Duplicatas a receber			
Investimentos	4.900,00	**Patrimônio líquido**	
Ações em outras companhias		Capital social	13.200,00
Imobilizado	10.000,00	LPA	**7.400,00**
Imóveis	4.000,00		
Veículos	2.000,00		
Móveis e utensílios			
(–) Deprec. acumulada	(2.700,00)		
Total ativo	**38.700,00**	**Total passivo**	**38.700,00**

1 As vendas de mercadorias representam receitas. Logo, considerando-se somente a venda, houve lucro.

Nesse caso, notamos que houve alteração no patrimônio líquido, pois a venda de mercadoria proporcionou uma receita para a empresa, e toda a receita afeta o resultado positivamente. Assim, analisando isoladamente a receita, percebemos que a empresa obteve um lucro que aumentou a conta Lucros e Prejuízos Acumulados e, consequentemente, o grupo do patrimônio líquido.

- **Novo fato**

Fato modificativo diminutivo: 19/01/20_2 – pagamento da conta de telefone da empresa de R$ 600,00:

Empresa GRKA Ltda.

CNPJ 00.000.000/0004-00

Balanço Patrimonial

Levantado em 19 de janeiro de 20_2

em Reais

Ativo		Passivo	
Circulante		**Circulante**	
Caixa	**1.000,00**	Fornecedores	7.700,00
Banco conta Movimento	3.600,00	Salários a pagar	2.700,00
Duplicatas a receber	3.200,00	Impostos a pagar	300,00
Clientes	5.000,00	Empréstimos a pagar	2.200,00
Mercadorias	4.300,00	Notas promissórias a pagar	2.000,00
Não circulante		**Não circulante**	
Realizável a longo prazo		Empréstimos a pagar a	3.200,00
Duplicatas a receber	2.800,00	longo prazo	
Investimentos		**Patrimônio líquido**	
Ações em outras companhias	4.900,00	Capital social	13.200,00
Imobilizado		LPA	**6.800,00**
Imóveis	10.000,00		
Veículos	4.000,00		
Móveis e utensílios	2.000,00		
(–) Deprec. acumulada	(2.700,00)		
Total ativo	**38.100,00**	**Total passivo**	**38.100,00**

Com esse novo fato – pagamento da conta de telefone da empresa –, houve alteração no patrimônio líquido, pois esse pagamento representa uma despesa para a empresa, e toda despesa afeta o resultado negativamente. Desse modo, analisando isoladamente a despesa, verificamos que a empresa terá um prejuízo que reduzirá a conta Lucros e Prejuízos Acumulados, diminuindo, consequentemente, o grupo do patrimônio líquido.

4.2.3 Fato misto

Esse tipo de ocorrência constitui-se com a junção dos fatos permutativo e modificativo, isto é, apresenta as características de ambos. Por conseguinte, para que um fato seja considerado misto, deve haver uma permuta entre contas patrimoniais e, ao mesmo tempo, uma alteração no patrimônio líquido. O fato misto provoca alterações no patrimônio da empresa e no patrimônio líquido. Nesse caso, o fato misto deve ser contabilizado utilizando-se no mínimo três contas, sendo duas patrimoniais e uma de resultado.

Os fatos mistos, portanto, podem desenvolver-se da seguinte maneira: aumentando o patrimônio total e o patrimônio líquido e utilizando duas ou mais contas patrimoniais e uma ou mais contas de resultado (misto aumentativo); reduzindo o patrimônio total e o patrimônio líquido e utilizando duas ou mais contas patrimoniais e uma ou mais contas de resultado (misto diminutivo).

Exemplo: Dando sequência ao que foi visto no exemplo anterior (Balanço de 19 de janeiro de 20_2), vejamos como ficará o próximo balanço patrimonial depois de um fato misto.

- **Novo fato**

Fato misto aumentativo: 23/01/20_2 – cobrança dos clientes no valor de R$ 1.000,00. Esses clientes apresentavam duplicata atrasada; consequentemente, houve a cobrança de juros de R$ 100,00:

Empresa GRKA Ltda.
CNPJ 00.000.000/0004-00
Balanço Patrimonial
Levantado em 23 de janeiro de 20_2

em Reais

Ativo		Passivo	
Circulante		**Circulante**	
Caixa	**2.100,00**	Fornecedores	7.700,00
Banco conta Movimento	3.600,00	Salários a pagar	2.700,00
Duplicatas a receber	3.200,00	Impostos a pagar	300,00
Clientes	**4.000,00**	Empréstimos a pagar	2.200,00
Mercadorias	4.300,00	Notas promissórias a pagar	2.000,00
Não circulante		**Não circulante**	
Realizável a longo prazo		Empréstimos a pagar a longo prazo	3.200,00
Duplicatas a receber	2.800,00	**Patrimônio líquido**	
Investimentos		Capital social	13.200,00
Ações em outras companhias	4.900,00	LPA	**6.900,00**
Imobilizado			
Imóveis	10.000,00		
Veículos	4.000,00		
Móveis e utensílios	2.000,00		
(–) Deprec. acumulada	(2.700,00)		
Total ativo	**38.200,00**	**Total passivo**	**38.200,00**

Observamos na visualização do balanço que houve uma permuta, pois duas contas do ativo foram movimentadas, mas também houve alteração no patrimônio líquido, porque o recebimento de juros proporciona uma receita para a empresa, alterando positivamente a conta lucros e prejuízos acumulados.

- **Novo fato**

Fato misto diminutivo: 26/01/20_2 – pagamento de R$ 1.500,00 em cheque aos fornecedores. A empresa apresentava duplicata atrasada; consequentemente, houve a cobrança de juros da empresa no valor de R$ 200,00:

Empresa GRKA Ltda.
CNPJ 00.000.000/0004-00
Balanço Patrimonial
Levantado em 26 de janeiro de 20_2

em Reais

Ativo		Passivo	
Circulante		**Circulante**	
Caixa	2.100,00	Fornecedores	**6.200,00**
Banco conta Movimento	**1.900,00**	Salários a pagar	2.700,00
Duplicatas a receber	3.200,00	Impostos a pagar	300,00
Clientes	4.000,00	Empréstimos a pagar	2.200,00
Mercadorias	4.300,00	Notas promissórias a pagar	2.000,00
Não circulante		**Não circulante**	
Realizável a longo prazo		Empréstimos a pagar a	3.200,00
Duplicatas a receber	2.800,00	longo prazo	
Investimentos		**Patrimônio líquido**	
Ações em outras companhias	4.900,00	Capital social	13.200,00
Imobilizado		LPA	**6.700,00**
Imóveis	10.000,00		
Veículos	4.000,00		
Móveis e utensílios	2.000,00		
(–) Deprec. acumulada	(2.700,00)		
Total ativo	**36.500,00**	**Total passivo**	**36.500,00**

O novo fato provocou uma permuta, pois foram movimentadas duas contas patrimoniais, uma do ativo e outra do passivo, mas também houve alteração no patrimônio líquido, porque o pagamento de juros corresponde a uma despesa para a empresa, alterando negativamente a conta Lucros e Prejuízos Acumulados.

Exercício resolvido

Considerando a continuidade das atividades da empresa, efetue o lançamento proposto e indique que tipo de fato administrativo ocorreu:

Fato: 31/01/20_2 – Venda à vista de mercadorias por R$ 2.500,00:

Empresa GRKA Ltda.
CNPJ 00.000.000/0004-00
Balanço Patrimonial
Levantado em 31 de janeiro de 20_2

em Reais

Ativo		Passivo	
Circulante		**Circulante**	
Caixa	**4.600,00**	Fornecedores	6.200,00
Banco conta Movimento	1.900,00	Salários a pagar	2.700,00
Duplicatas a receber	3.200,00	Impostos a pagar	300,00
Clientes	4.000,00	Empréstimos a pagar	2.200,00
Mercadorias	4.300,00	Notas promissórias a pagar	2.000,00
Não circulante		**Não circulante**	
Realizável a longo prazo		Empréstimos a pagar a	3.200,00
Duplicatas a receber	2.800,00	longo prazo	
Investimentos		**Patrimônio líquido**	
Ações em outras companhias	4.900,00	Capital social	13.200,00
Imobilizado		LPA	**9.200,00**
Imóveis	10.000,00		
Veículos	4.000,00		
Móveis e utensílios	2.000,00		
(–) Deprec. acumulada	(2.700,00)		
Total ativo	**39.000,00**	**Total passivo**	**39.000,00**

Resposta: Fato modificativo aumentativo.

4.3 Lançamento

O termo contábil *lançamento* significa, segundo Ribeiro (2003, p. 63), "o meio pelo qual se processa a Escrituração[2]", o que equivale a dizer que todos os fatos administrativos são escriturados por meio do lançamento contábil.

Porém, esse termo não está somente ligado à escrituração, mas também à contabilização, porque ele serve ainda para designar o processo

2 Escrituração constitui-se no ato de registrar, em livros próprios, os fatos administrativos.

de registro em razonetes, aliás, função para a qual o consideramos mais adequado, uma vez que o razonete não se constitui em um processo de escrituração formal, e sim em um processo didático de contabilização. Portanto, entendemos que o conceito de lançamento[3] é mais bem definido como a técnica pela qual se processa a contabilização dos fatos administrativos de uma empresa.

O lançamento possui, no caso da escrituração formal, cinco elementos essenciais:

1. local e data do fato;
2. conta a ser debitada;
3. conta a ser creditada;
4. histórico;
5. valor.

No caso da contabilização em razonetes, o lançamento tem apenas três elementos para a sua caracterização:

1. conta a ser debitada;
2. conta a ser creditada;
3. valor.

Segundo o método das partidas dobradas, o lançamento deve sempre afetar o débito e o crédito, pois, mesmo possuindo natureza devedora, as contas do ativo podem receber lançamentos tanto a débito quanto a crédito, e as contas do passivo, mesmo possuindo natureza credora, podem receber lançamentos tanto a débito quanto a crédito.

Um lançamento a débito em uma conta de natureza devedora aumenta o saldo desta, já um lançamento a crédito em uma conta de natureza devedora diminui o saldo desta. Por outro lado, um lançamento a crédito em uma conta de natureza credora aumenta o seu saldo, e um lançamento a débito em uma conta de natureza credora, por sua vez, diminui o seu saldo.

Assim, cada vez que é efetuado um lançamento a débito em contas do ativo, este tem seu saldo aumentado. No entanto, quando é efetuado um lançamento a crédito em contas do ativo, este tem seu saldo reduzido, exceto no caso das contas retificadoras do ativo (aquelas com sinal negativo), no qual ocorre o contrário.

3 Esta é a interpretação do autor.

No caso das contas do passivo, todas as vezes em que é efetuado um lançamento a débito, a conta tem o seu saldo reduzido e, quando é efetuado um lançamento a crédito, o saldo é aumentado, exceto no caso das contas retificadoras do passivo (aquelas com sinal negativo), nas quais ocorre o contrário.

Observe o quadro a seguir, no qual é realizado uso do método das partidas dobradas, do qual devemos lançar mão sempre que for necessário efetuar um lançamento contábil.

Quadro auxiliar de lançamento

Grupo de contas	Débito	Crédito
Ativo	Aumenta o saldo	Diminui o saldo
Retificadoras do ativo	Diminui o saldo	Aumenta o saldo
Passivo exigível	Diminui o saldo	Aumenta o saldo
Patrimônio líquido	Diminui o saldo	Aumenta o saldo
Retificadoras do passivo	Aumenta o saldo	Diminui o saldo
Retificadoras do PL	Aumenta o saldo	Diminui o saldo
Despesas	Aumenta o saldo	Diminui o saldo[1]
Receita	Diminui o saldo[1]	Aumenta o saldo

Nota: (1) Essas situações acontecem apenas em caso de estorno.

Os lançamentos, tanto nos livros contábeis como nos razonetes, podem ser efetuados de acordo com as suas fórmulas, conforme o conceito do método das partidas dobradas, ou seja:

1ª fórmula: um débito para um crédito de igual valor (1D = 1C);

2ª fórmula: um débito para dois ou mais créditos de igual valor (1D = 2 ou +C);

3ª fórmula: dois ou mais débitos para um crédito de igual valor (2 ou +D = 1C);

4ª fórmula: dois ou mais débitos para dois ou mais créditos de igual valor (2 ou +D = 2 ou +C).

Observação: se considerarmos que o método das partidas dobradas consiste na igualdade entre os valores de débito e crédito, percebemos que todas as variações possíveis de um lançamento estão disponíveis nas informações anteriormente expostas.

4.4 Escrituração

A escrituração é uma técnica utilizada pela contabilidade com o objetivo de processar os registros dos fatos administrativos ocorridos na empresa em livros de escrituração próprios para cada situação. Portanto, o controle contábil é feito por meio da escrituração.

A escrituração contábil possui livros que atualmente são classificados em três grupos distintos: **livros contábeis, livros fiscais** e **livros sociais**.

A contabilidade, como sistema de informações sobre os atos e os fatos administrativos que provocam variações no patrimônio das empresas, teria como base de escrituração apenas os livros contábeis e sociais, mas, devido às exigências legais provenientes da fiscalização do pagamento dos tributos e das contribuições, é responsável pela escrituração também dos livros fiscais.

Atualmente, a escrituração pode ser processada manualmente ou por meio mecânico e eletrônico, não dispensando a impressão dos livros na última condição.

4.4.1 Livros contábeis

Esse grupo de livros possui como característica o registro de todos os fatos administrativos que provocam variações no patrimônio das empresas. Uma vez que há necessidade de padronização e, principalmente, de atestar a fidedignidade e a veracidade dos registros, todos os livros contábeis seguem rígidas formalidades no momento de sua escrituração. Os principais livros contábeis são: **livro diário, livro-razão, livro auxiliar contas-correntes** e **livro-caixa.**

4.4.1.1 Livro diário

É no livro diário que devem ser registrados todos os fatos administrativos em sequência cronológica de acontecimentos, com a finalidade de retratar o histórico da empresa.

Esse livro é obrigatório, por lei (Lei nº 556, de 25 de junho de 1850 – Brasil, 1850; Decreto nº 3.000, de 26 de março de 1999 – Brasil, 1999), para todas as empresas, não sendo nenhuma delas dispensada de sua escrituração. As formalidades de apresentação do livro diário são: externas ou extrínsecas e internas ou intrínsecas.

a) **Externas ou extrínsecas** – formalidades de apresentação do livro:

- deve ser encadernado;
- deve ter suas folhas numeradas;
- deve conter termos de abertura e de encerramento;
- deve ser registrado em órgão competente[4].

A seguir, transcrevemos um modelo de termo de abertura e outro de termo de encerramento.

Figura 4.1 – Modelo de termo de abertura

TERMO DE ABERTURA

Contém o presente livro _____ (_____) folhas numeradas tipograficamente e seguidamente do número 01 ao número _____ que servirá de livro diário nº _____ da empresa _____, estabelecida no ramo de _____, com sede na rua _____, nº _____, bairro _____, no município de _____, Estado _____, cujos atos constitutivos foram arquivados na Junta Comercial do Estado _____, em ___/___/_____, sob o número _____, com inscrição no CNPJ sob o número _____.
_____, _____ de _____ de _____.
Nome do representante legal da empresa (com assinatura)
Nome do contabilista e nº do registro no CRC (com assinatura)

Figura 4.2 – Modelo de termo de encerramento

TERMO DE ENCERRAMENTO

Contém o presente livro _____ (_____) folhas numeradas tipograficamente e seguidamente do número 01 ao número _____ que serviu de livro diário nº _____ da empresa _____, estabelecida no ramo de _____, com sede na rua _____, nº _____, bairro _____, no município de _____, Estado _____, cujos atos constitutivos foram arquivados na Junta Comercial do Estado _____, em ___/___/_____, sob o número _____, com inscrição no CNPJ sob o número _____.
_____, _____ de _____ de _____.
Nome do representante legal da empresa (com assinatura)
Nome do contabilista e nº do registro no CRC (com assinatura)

4 Junta Comercial do Estado, no caso de empresas comerciais, e Cartório de Registro de Títulos e Documentos, no caso de sociedade simples.

b) **Internas ou intrínsecas** – formalidades relativas à escrituração propriamente dita:

- deve apresentar-se em idioma nacional;
- deve apresentar-se em moeda corrente nacional;
- deve ser registrado em ordem cronológica de acontecimentos;
- deve ser apresentado com caligrafia inteligível;
- não pode deixar linhas ou intervalos em branco;
- não pode conter rasuras;
- não pode conter borrões ou emendas;
- não pode transpor as margens.

Se essas formalidades não forem cumpridas, o livro perderá fé comercial, ou seja, não terá valor para a comprovação dos acontecimentos registrados em suas páginas.

4.4.1.2 Livro-razão

O livro-razão é considerado o mais importante dos livros contábeis, pois é por meio dele que é processado o controle individual do movimento das contas. Esse livro proporciona o controle de saldos de cada uma das contas patrimoniais e de resultado, sendo apurado, por meio desses saldos, o resultado do exercício e levantado o balanço patrimonial.

Todos os registros efetuados no livro diário proporcionam, no mínimo, movimentação em duas contas do livro-razão. Consequentemente, a cada lançamento no livro diário, devem ser feitos dois lançamentos distintos no livro-razão.

O livro-razão também é de escrituração obrigatória (Lei nº 8.218, de 29 de agosto de 1991 – Brasil, 1991) para todas as empresas. A escrituração no livro-razão não isenta a escrituração no livro diário e vice-versa; ambas devem ocorrer simultaneamente. As formalidades extrínsecas e intrínsecas são basicamente as mesmas do livro diário.

4.4.1.3 Livro auxiliar contas-correntes

O livro auxiliar contas-correntes é utilizado com a finalidade de auxiliar os registros do livro-razão no tocante aos controles dos direitos e obrigações para com terceiros, isso quando o livro-razão não demonstrar esses detalhes[5]. Salientamos que a utilização desse livro é facultativa, contudo será importante o seu registro se o livro-razão não contiver os registros analíticos dos direitos e das obrigações para com terceiros.

4.4.1.4 Livro-caixa

O livro-caixa também representa um livro auxiliar de registro contábil, sendo utilizado para o lançamento de todos os fatos que envolvam a entrada e a saída de dinheiro da empresa. Esse livro é de grande valia, pois por meio dele é possível verificar todas as movimentações do caixa da empresa. Ele serve de base para a escrituração da conta Caixa no livro-razão.

4.4.2 Livros fiscais

Esses livros devem ser escriturados com o objetivo específico de atender aos órgãos de fiscalização nas esferas federal, estadual e municipal. Todos os fatos administrativos que ocorrem durante o desenvolvimento das atividades da empresa e que são escriturados nos livros fiscais devem também ser escriturados nos livros contábeis. Portanto, esses livros têm a finalidade de facilitar o processo de fiscalização por parte dos órgãos governamentais. São livros fiscais:

- Livro Registro de Entradas de Mercadorias;
- Livro Registro de Saídas de Mercadorias;
- Livro de Apuração de ICMS – Imposto sobre Circulação de Mercadorias e Serviços;
- Livro de Apuração do IPI – Imposto sobre Produtos Industrializados;
- Livro Registro de Serviços Prestados;
- Livro de Apuração do Lucro Real (Lalur).

4.4.3 Livros sociais

Os livros sociais ou societários são aqueles destinados a registrar os atos administrativos específicos de alguns tipos de sociedade, mais especificamente das Sociedades Anônimas (S.A.). São livros sociais:

- Livro Registro de Ata de Reuniões de Assembleia Geral;
- Livro Registro de Ata de Reuniões de Conselho Fiscal.

Há outros livros sociais, sendo apresentados aqui apenas alguns exemplos importantes.

4.4.4 Princípios contábeis e convenções contábeis

A escrituração de todos os atos e fatos administrativos deve ocorrer levando-se em consideração os princípios e as convenções contábeis; por conseguinte, estes causam efeito sobre as demonstrações contábeis.

O Conselho Federal de Contabilidade (CFC), órgão responsável pela padronização das ações pertinentes à profissão dos contabilistas, publicou, por meio da Resolução CFC nº 750[6], de 29 de dezembro de 1993, os **princípios fundamentais de contabilidade** (Brasil, 1993).

Esses princípios constituem-se em um conjunto de regras com o objetivo de uniformizar o desenvolvimento do sistema de controle que a ciência contábil proporciona em todo o território nacional. São, pois, diretrizes de ações a serem seguidas pelo contabilista. Este deve manusear a citada resolução no intuito de compreender os seus ditames e interpretar corretamente os princípios da contabilidade.

Os princípios fundamentais de contabilidade (PF) também são conhecidos usualmente como *princípios de contabilidade geralmente aceitos*. De acordo com a Resolução CFC nº 750/1993, são os seguintes:

1. entidade;

2. continuidade;

3. oportunidade;

4. registro pelo valor original;

5. competência;

6. prudência.

Embora essa resolução não aborde as convenções contábeis, elas são de grande importância no contexto do estudo da fundamentação da contabilidade. Vejamos as convenções universalmente aceitas, segundo a Fundação Instituto de Pesquisas Contábeis, Atuariais e Financeiras – Fipecafi (2000):

- **Convenção contábil da objetividade**: Refere-se ao fato de que a contabilidade deve manter a neutralidade no registro dos atos e dos fatos contábeis, no sentido de que estes sempre devem ser efetivados de acordo com os documentos comprobatórios.

6 A Resolução CFC nº 750 teve seu texto originalmente alterado pela Resolução CFC nº 1.282/10.

- **Convenção contábil do conservadorismo:** Prega que sempre devemos optar por ações que não caracterizem a superavaliação dos elementos patrimoniais. Essa convenção originou o princípio da prudência.

- **Convenção contábil da consistência:** Refere-se à manutenção dos critérios de avaliação dos elementos patrimoniais, devendo eles ser constantes e não apresentar variações frequentes.

- **Convenção contábil da materialidade:** Estabelece que o registro não deve ater-se a fatos irrelevantes, cujas implementações possam causar uma longa utilização de tempo, até de forma indevida, tornando oneroso o processo de contabilização.

Compreender essas convenções é importante para entendermos os princípios da contabilidade.

4.5 Razonetes

Como vimos nos exemplos anteriores, cada fato provocou um tipo de alteração em relação ao patrimônio total ou ao patrimônio líquido, ou seja, todos eles provocaram alguma alteração em uma conta. Cada fato administrativo, independentemente de sua classificação, acarreta uma utilização das contas patrimoniais ou de resultado. Imaginemos se, no processo de aprendizagem, você tivesse que, a cada fato ocorrido, montar um balanço patrimonial. O seu trabalho seria imenso, uma vez que, como já pudemos verificar, um balanço patrimonial representa uma demonstração contábil estruturada.

Nos exemplos que vimos anteriormente, foi fácil fazer o balanço, pois tínhamos apenas um fato para analisar a fim de preparar o novo balanço. Mas, no cotidiano das empresas, não ocorre apenas um fato por dia, mas vários. Então, se um balanço é feito após cada fato, se ocorressem 25 fatos no dia, seriam 25 balanços patrimoniais[7].

Existe uma ferramenta didática que facilitará o nosso trabalho: o **razonete**[8], também conhecido como *conta em T,* que se constitui em um instrumento de controle dos saldos das contas. Esse recurso faz o controle individualizado de cada uma das contas patrimoniais ou de resultado da empresa. Por meio dele se dá o processo de agilização dos controles contábeis para a elaboração de um balanço.

7 Essa situação refere-se à aprendizagem do sistema de contabilização dos fatos.

8 Sua utilização é empregada no processo didático, ou seja, para a evolução do ensino-aprendizagem.

Vejamos qual é a sua estrutura gráfica, para podermos aprender a utilizá-lo:

Figura 4.3 – Razonete

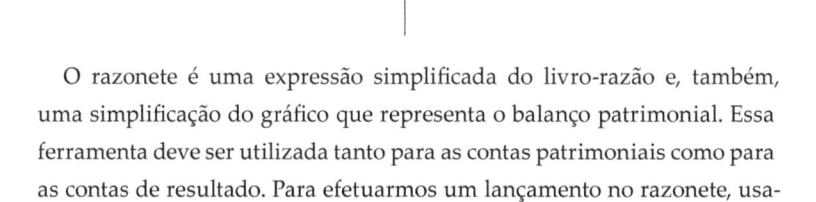

O razonete é uma expressão simplificada do livro-razão e, também, uma simplificação do gráfico que representa o balanço patrimonial. Essa ferramenta deve ser utilizada tanto para as contas patrimoniais como para as contas de resultado. Para efetuarmos um lançamento no razonete, usamos o método das partidas dobradas.

Cada conta deve ter um razonete próprio para controlar o seu saldo contábil, que é a diferença entre o débito e o crédito.

Vejamos agora o esquema de utilização do razonete.

Figura 4.4 – Esquema de utilização do razonete

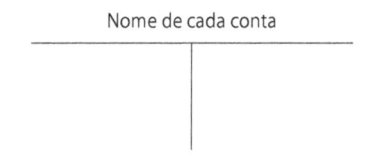

Nome de cada conta

No topo do razonete, deve ser colocado o nome da conta que representa, ou seja, o título dessa representação é o nome de cada conta patrimonial ou de resultado. Do lado esquerdo desse recurso, são lançados todos os valores a débito, e no lado direito todos os valores a crédito. Devemos lembrar que todas as contas patrimoniais ou de resultados podem receber lançamentos a débito ou a crédito.

Você precisa recordar agora o que estudamos sobre a natureza das contas, mais especificamente no Capítulo 3, pois esse conhecimento será necessário agora ao desenvolvermos um exemplo da utilização dos razonetes. Vejamos o balanço patrimonial a seguir:

Empresa GRKA Ltda.

CNPJ 00.000.000/0004-00

Balanço Patrimonial

Levantado em 01 de dezembro de 20_1

em Reais

Ativo		Passivo	
Circulante		**Circulante**	
Caixa	600,00	Fornecedores	8.000,00
Banco conta movimento	5.800,00	Salários a pagar	3.000,00
Duplicatas a receber	3.200,00	Empréstimos a pagar	2.200,00
Clientes	5.000,00	**Não circulante**	
Mercadorias	2.400,00	Empréstimos a pagar	3.200,00
Não circulante		a longo prazo	
Realizável a longo prazo		**Patrimônio líquido**	
Duplicatas a receber	2.800,00	Capital social	13.200,00
Investimentos		LPA	6.400,00
Ações em outras companhias	4.900,00		
Imobilizado			
Imóveis	10.000,00		
Veículos	4.000,00		
(–) Deprec. acumulada	(2.700,00)		
Total ativo	**36.000,00**	**Total passivo**	**36.000,00**

Cada conta desse balanço patrimonial deve ser controlada por um razonete, portanto devemos abrir um razonete para cada uma das contas.

Caixa	Bancos conta Movimento	Duplicatas a receber
600,00	5.800,00	3.200,00

Cliente	Mercadorias	Duplicatas a receber a longo prazo (LP)
5.000,00	2.400,00	2.800,00

Ações em outras cias.	Imóveis	Veículos
4.900,00	10.000,00	4.000,00

(continua)

Deprec. acumulada	LPA	Fornecedores
2.700,00	6.400,00	8.000,00

Capital social	Salários a pagar	Empréstimos a pagar
13.200,00	3.000,00	2.200,00

Emprést. a pagar LP
3.200,00

Note que todos os razonetes foram abertos, logo todos possuem saldo. De acordo com a natureza das contas, todos os razonetes que representam contas do ativo devem ter saldo devedor e ser, pois, lançadas a débito[9], assim como todas as contas do passivo devem ter saldo credor e ser, pois, lançadas a crédito[10].

Agora que já efetuamos a abertura das contas do balanço patrimonial, vamos contabilizar em razonete os fatos a seguir:

a) 10/12/20_1 – compra de mercadorias com cheque no valor de R$ 1.200,00;

b) 15/12/20_1 – na conta Salários a Pagar, estava também contabilizado o valor dos impostos a serem recolhidos para o governo, portanto, é necessária a separação destes, que totalizam R$ 300,00;

c) 20/12/20_1 – pagamento a fornecedores com cheque no valor de R$ 1.000,00;

d) 31/12/20_1 – compra de mercadorias a prazo no valor de R$ 700,00;

e) 10/12/20_2 – compra a prazo, com utilização de nota promissória, de móveis e utensílios para a utilização da empresa por R$ 2.000,00;

f) 15/01/20_2 – venda à vista de mercadoria no valor de R$ 1.000,00[11];

g) 19/01/20_2 – pagamento da conta de telefone da empresa no valor de R$ 600,00;

h) 23/01/20_2 – cobrança dos clientes no valor de R$ 1.000,00 – estes apresentavam duplicata atrasada; consequentemente, houve a cobrança de R$ 100,00 de juros;

9   Exceto as contas retificadoras do ativo, que devem ser lançadas a crédito, como é o caso da depreciação acumulada.

10 Exceto as contas retificadoras do passivo, que devem ser lançadas a débito.

11 Como as vendas de mercadorias representam receitas, se for considerada somente a venda, houve lucro.

i) 26/01/20_2 – pagamento, em cheque, aos fornecedores no valor de R$ 1.500,00 – a empresa apresentava duplicata atrasada; consequentemente, houve a cobrança da empresa de R$ 200,00 de juros;

j) 31/01/20_2 – venda à vista de mercadorias por R$ 2.500,00.

Após termos efetuado todos os lançamentos nos razonetes, apuramos o saldo contábil de cada conta.

Razonetes para as contas do modelo de balanço patrimonial (01/01/2001) com saldo contábil

	Caixa				Bancos conta Movimento				Duplicatas a receber	
	600,00	600,00	(g)		5.800,00	1.200,00	(a)		3.200,00	
(f)	1.000,00					1.000,00	(c)			
(h)	1.100,00					1.700,00	(i)			
(j)	2.500,00									
S	4.600,00			S	1.900,00			S	3.200,00	

	Cliente				Mercadorias			Duplicatas a receber LP	
	5.000,00	1.000,00	(h)		2.400,00			2.800,00	
			(a)		1.200,00				
			(d)		700,00				
S	4.000,00			S	4.300,00		S	2.800,00	

	Ações em outras cias.			Imóveis			Veículos	
	4.900,00			10.000,00			4.000,00	
S	4.900,00		S	10.000,00		S	4.000,00	

	Deprec. acumulada				Móveis e utensílios			Fornecedores		
		2.700,00	(e)		2.000,00		(c)	1.000,00	8.000,00	
			(i)					1.500,00	700,00	(d)
		2.700,00	S	S	2.000,00				200,00	S

	Salários a pagar			Empréstimos a pagar		Emprést. a pagar LP	
(b)	300,00	3.000,00			2.200,00		3.200,00
		2.700,00	S		2.200,00	S	3.200,00	S

(continua)

Capital social		LPA²	
13.200,00	(g)	600,00	6.400,00
	(i)	200,00	1.000,00 (f)
			100,00 (h)
			2.500,00 (j)
13.200,00 S		9.200,00 S	

Nota: (2) A verificação do lucro ou do prejuízo deve ser elaborada em uma conta separada chamada *apuração do resultado do exercício*. Nesse caso, foi utilizada a conta LPA apenas para que possamos entender o processo de contabilização em razonetes.

Impostos a pagar		Notas promissórias a pagar	
300,00	(b)	2.000,00	(e)
300,00	S	2.000,00	S

Depois de apurados todos os saldos contábeis dos razonetes, transferimos esses saldos para o balanço patrimonial.

Empresa GRKA Ltda.

CNPJ 00.000.000/0004-00

Balanço Patrimonial (em Reais)

Levantado em 31 de janeiro de 20_2

em Reais

Ativo		Passivo	
Circulante		**Circulante**	
Caixa	4.600,00	Fornecedores	6.200,00
Banco conta Movimento	1.900,00	Salários a pagar	2.700,00
Duplicatas a receber	3.200,00	Impostos a pagar	300,00
Clientes	4.000,00	Empréstimos a pagar	2.200,00
Mercadorias	4.300,00	Notas promissórias a pagar	2.000,00
Não circulante		**Não circulante**	
Realizável a longo prazo		Empréstimos a pagar a	3.200,00
Duplicatas a receber	2.800,00	longo prazo	
Investimentos		**Patrimônio líquido**	
Ações em outras companhias	4.900,00	Capital social	13.200,00
Imobilizado		LPA	9.200,00
Imóveis	10.000,00		
Veículos	4.000,00		
Móveis e utensílios	2.000,00		
(–) Deprec. acumulada	(2.700,00)		
Total ativo	**39.000,00**	**Total passivo**	**39.000,00**

Podemos concluir que foi necessário, com os lançamentos em razonetes, levantarmos apenas um balanço patrimonial no final das movimentações. Como você deve ter percebido, esse exemplo foi exatamente o mesmo utilizado para a explicação dos fatos administrativos, porém, naquele caso, levantamos dez balanços distintos, e agora apenas um. Verificamos, assim, o quanto a ferramenta razonete é extremamente importante no desenvolvimento dos lançamentos contábeis de débito e crédito.

4.6 Regimes contábeis

A contabilidade utiliza regimes de contabilização dos seus fatos administrativos, que constituem-se na padronização de um critério para que sejam efetuados os lançamentos contábeis, sendo fundamentais para a contabilização de fatos que envolvem contas de despesas e receitas, tendo em vista a apuração do resultado da empresa. Atualmente, os regimes contábeis utilizados são os regimes de caixa e competência.

4.6.1 Regime de caixa

O regime de caixa consiste em contabilizar as despesas ou as receitas na medida em que estas forem **efetivamente pagas ou recebidas**, respectivamente. Nesse regime, o reconhecimento das contas de resultado é feito com o pagamento destas.

Segundo a legislação tributária brasileira, esse regime pode ser adotado[12] somente na contabilização das receitas das empresas que estão enquadradas na tributação do Simples Nacional, estabelecido no Estatuto Nacional da Microempresa e da Empresa de Pequeno Porte pela Lei Complementar nº 123, de 14 de dezembro de 2006 (Brasil, 2006), ou quando a empresa é enquadrada para tributação pelo lucro presumido. Para o lucro real, deverá ser adotado o regime de competência, obrigatoriamente.

Vamos analisar a seguir dois casos:

Caso 1: O pagamento de salários pode ser efetuado, segundo a legislação, até o quinto dia útil do mês seguinte ao trabalhado. Então, o salário do mês de janeiro é pago no mês de fevereiro. Segundo o regime de caixa, o reconhecimento da despesa com o salário é atribuído ao mês de fevereiro, mesmo que o salário devido seja do mês de janeiro.

12 A legislação faculta à empresa a opção por esse regime ou pelo regime de competência.

Caso 2: No que se refere à venda de mercadorias a prazo, segundo o regime de caixa, deve-se contabilizar como receita apenas as parcelas efetivamente recebidas, nos meses em que foram recebidas.

Esses casos nos permitem entender melhor o regime de caixa.

4.6.2 Regime de competência

Nesse regime, o reconhecimento das despesas ou receitas é efetuado nos períodos em que ocorrem, **independentemente** de seu pagamento ou recebimento, respectivamente. De uma maneira simplificada, esse regime é o inverso do regime de caixa.

Portanto, no regime de competência, importa o mês da ocorrência do fato, e não o momento do seu pagamento. As empresas, com as exceções já citadas, devem contabilizar seus fatos por esse regime, o qual, aliás, figura como um dos princípios fundamentais de contabilidade (CFC, 1993). Para melhor compreendermos esse tipo de regime de contabilização, analisaremos os mesmos casos apresentados no regime de caixa.

Caso 1: O pagamento de salários pode ser efetuado, segundo a legislação, até o quinto dia útil do mês seguinte ao trabalhado. Então, o salário do mês de janeiro é pago no mês de fevereiro. Segundo o regime de competência, o reconhecimento e a consequente contabilização da despesa com o salário devem ser atribuídos ao mês de janeiro, mesmo que o salário seja pago apenas em fevereiro.

Caso 2: A venda de mercadorias a prazo, segundo o regime de competência, deve ser contabilizada como receita no mês em que ocorreu a venda efetiva, independentemente do fato de ter havido o recebimento ou não.

Apesar da permissão da utilização do regime de caixa para as empresas optantes pelo Simples Nacional e pelo Lucro Presumido, os princípios de contabilidade conduzem à adoção do regime de competência, o qual é, assim, o mais usado pela maioria das empresas nacionais.

4.7 Contabilização dos ajustes

Contabilizar ajustes significa efetuar o reconhecimento, pelo regime de competência, das despesas pagas antecipadamente, ou das despesas que geram obrigações, ou ainda daquelas despesas que contribuem para a apuração do resultado, mesmo que não tenha ocorrido o pagamento ou que a obrigação não tenha sido gerada.

O ajuste ou a apropriação[13] das despesas e receitas, pelo regime de competência, deve ser feito no último dia do mês em que ocorreram os fatos geradores. Vejamos, a seguir, algumas apropriações que devem ser feitas para que o resultado expresse veracidade.

4.7.1 Apropriação de contas de receita

O grupo de contas de receitas apresenta algumas contas que efetivamente devem sofrer ajustes ou apropriações.

A apropriação de uma conta de receita pode aumentar o saldo de uma conta do ativo: esse tipo de apropriação é utilizado para contabilizar os fatos que gerarão direitos futuros (geralmente provêm de contratos de aluguéis).

- **Exemplo:** A empresa locou um imóvel a um cliente. Para tal, receberá o valor de R$ 2.300,00, que será recebido a título de aluguel sempre no décimo dia do mês seguinte ao utilizado. A empresa deve efetuar a seguinte contabilização, no caso da apropriação, do aluguel no último dia do mês:

Aluguéis a receber	Receita c/ aluguéis
2.300,00	2.300,00

Quando o aluguel for recebido, a empresa não necessitará contabilizar nenhuma operação nas contas de resultado, pois já reconheceu o seu direito de receber o aluguel do mês anterior.

4.7.2 Apropriação de contas de despesas

O grupo de contas de despesas apresenta algumas contas que efetivamente devem sofrer ajustes ou apropriações.

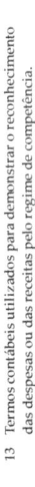

13 Termos contábeis utilizados para demonstrar o reconhecimento das despesas ou das receitas pelo regime de competência.

A apropriação de uma conta de despesas pode reduzir o saldo de uma conta do ativo: isso acontece sempre que houver um pagamento antecipado de despesa. Vejamos um caso para melhor compreendermos essa situação.

- **Exemplo:** A empresa efetuou a contratação de um seguro para o período de vigência de 12 meses, pagando no ato da contratação o valor de R$ 2.400,00. No momento do pagamento, a empresa deverá efetuar a seguinte contabilização:

Caixa		Seguros a apropriar (A)	
	2.400,00	2.400,00	

O lançamento foi efetuado na conta Seguros a Apropriar, pois o pagamento total do seguro gerou o direito de a empresa utilizá-lo como despesa, porém tem de fazer isso durante um período de 12 meses.

- **Apropriação:** No último dia do mês, a empresa deverá apropriar 1/12 avos do seguro, ou seja, o valor integral do seguro dividido por 12 meses. Essa contabilização se dá da seguinte forma:

Despesas com seguros		Seguros a apropriar (A)	
200,00		2.400,00	200,00

Perceba que o valor apurado representou R$ 200,00, sendo apropriado como despesa e descontado do direito de utilizar o seguro.

Isso também poderá ocorrer com todas as despesas[14] que forem pagas antecipadamente, tais como aluguéis e juros pagos antecipadamente, aquisição de vale-transporte ou vale-refeição. Para todos esses fatos, o procedimento será o mesmo.

14 Esse caso pode ocorrer com qualquer conta que esteja classificada no grupo de despesas antecipadas, relacionadas no plano de contas apresentado como modelo.

Ou seja, no momento da compra:

D: direito que foi pago antecipadamente;

C: caixa ou banco conta Movimento.

No momento da apropriação:

D: despesa gerada;

C: direito que foi pago antecipadamente.

- **A apropriação de uma conta de despesa pode aumentar o saldo de uma conta retificadora do ativo:** Isso acontece geralmente com as contas de depreciação e amortização, que compõem, no ativo, o imobilizado e o intangível. Primeiramente, para podermos entender o processo de contabilização desse fato contábil, devemos compreender o significado dos termos *depreciação* e *amortização*.

4.7.2.1 Depreciação

Consiste na desvalorização de um bem material do imobilizado; consequentemente, consiste em uma recuperação econômica do custo do bem em decorrência do tempo de utilização. Assim, essa desvalorização é ocasionada pelo desgaste provocado no bem como consequência de sua utilização, da ação da natureza ou da sua obsolescência.

A depreciação é calculada de acordo com a vida útil do bem, que representa o período, segundo a legislação, em que aquele tem serventia[15] para as atividades operacionais da empresa. Por meio da vida útil, estipulamos a taxa de depreciação anual dos bens. Veja a Tabela 4.1, que apresenta a vida útil e a taxa de depreciação dos bens mais comuns em uma empresa, conforme o que prevê a Instrução Normativa SRF nº 162, de 31 de dezembro de 1998 (Brasil, 1998).

Tabela 4.1 – Vida útil dos bens do ativo imobilizado

Bem	Vida útil[1]	Taxa
Imóveis (edificações)	25 anos	4% a.a.
Veículos de passageiros e carga	5 anos	20% a.a.
Caminhões, motociclos e tratores	4 anos	25% a.a.
Computadores e periféricos	5 anos	20% a.a.
Móveis e utensílios	10 anos	10% a.a.
Máquinas e equipamentos	10 anos	10% a.a.

Nota: (1) Cabe ressaltar que nem sempre a vida útil destacada pela legislação corresponde à vida realmente útil do bem no seu cotidiano.

Fonte: Baseado em Brasil, 1998.

Calculamos a depreciação aplicando a taxa de depreciação sobre o valor registrado do bem em questão.

Exemplo: imóvel – R$ 250.000,00.

250.000,00 × 4% = 10.000,00 por ano, ou,
se dividirmos por 12 = 833,33 por mês.

A depreciação representa uma despesa da empresa e, portanto, deve ser contabilizada como tal. Embora seja uma despesa, não representa saída de dinheiro do caixa ou banco conta Movimento nem representa o aumento de uma obrigação.

Vejamos um caso para melhor compreendermos essa situação.

- **Exemplo:** A empresa possui anotada, em seu balanço patrimonial, a conta de veículos que foram registrados pelo valor de R$ 42.000,00. Vamos calcular a depreciação anual desse bem e, em seguida, contabilizá-la.

42.000,00 × 20% = 8.400,00 por ano

Despesas c/depreciação	Deprec. acum. de veículos
8.400,00	8.400,00

Perceba que o valor apurado na conta Depreciação de Veículos representou R$ 8.400,00 por ano, sendo apropriado como despesa e acrescido na conta redutora do ativo.

O mesmo ocorrerá com todas as contas de depreciação acumulada dos bens do imobilizado, ou seja:

D: despesa com depreciação;

C: depreciação acumulada do bem em questão.

4.7.2.2 Amortização

A amortização possui as mesmas características da depreciação, porém afeta os bem imateriais do ativo intangível. Os prazos de amortização geralmente giram em torno de 5 a 10 anos, podendo, porém, variar em casos específicos[16].

16 Esses casos devem ser analisados pela autoridade tributária.

O processo de cálculo e contabilização é o mesmo que o aplicado na depreciação, devendo, é claro, alterar a nomenclatura das contas no caso da contabilização.

- **A apropriação de uma conta de despesas pode aumentar o saldo de uma conta que representa obrigação (passivo):** esse tipo de apropriação é utilizado para contabilizar os fatos que gerarão obrigações futuras, os quais, geralmente, provêm de contratos, tais como contratos de aluguéis e de trabalho[17], além, é claro, do cálculo de tributos que a empresa deve pagar. Vejamos um caso para melhor compreendermos essa situação.

- **Caso 1:** A empresa efetuou a locação de um imóvel para o desenvolvimento de suas atividades. O valor de R$ 1.600,00 será pago a título de aluguel sempre no décimo dia do mês seguinte ao utilizado. A empresa deverá efetuar a seguinte contabilização no caso da apropriação do aluguel no último dia do mês:

Despesas c/aluguel		Aluguéis a pagar	
1.600,00			1.600,00

Quando for efetuado o pagamento do aluguel, a empresa não necessitará contabilizar nenhuma operação nas contas de resultado, pois já reconheceu a sua obrigação de pagar o aluguel do mês anterior.

- **Caso 2:** A empresa contratou um funcionário, com o salário de R$ 1.000,00, no primeiro dia do mês de março de 2001. No último dia desse mês, a organização deverá contabilizar a folha de pagamento[18] do funcionário, o qual receberá o seu salário apenas no quinto dia útil do mês seguinte.

Despesas c/salários		Salários a pagar	
1.000,00			1.000,00

- **Caso 3:** A empresa verificou, no final do mês, o seu faturamento total, calculando sobre este os impostos. A Contribuição para o Financiamento da Seguridade Social (Cofins) totalizou o valor de R$ 11.500,00. Esse tributo, segundo a legislação, deverá ser pago no último dia útil da primeira quinzena do mês subsequente ao fato gerador, portanto deverá ser pago no mês seguinte ao apurado.

17 Assinatura de carteira de trabalho.

18 Nesse caso, a ênfase está recaindo apenas na contabilização da folha de pagamento, sem se levar em consideração a sua elaboração.

Assim, a empresa deverá efetuar a seguinte contabilização no caso da apropriação da Cofins:

Cofins (R)	Cofins a pagar
11.500,00	11.500,00

Os demais tributos e contribuições, quando calculados no último dia do mês, deverão ser contabilizados da seguinte forma:

D: imposto ou tributo (conta de resultado);

C: imposto ou tributo a pagar (conta do passivo circulante).

Exercício resolvido

Vamos calcular a depreciação das contas patrimoniais a seguir, considerando o período mensal e após o cálculo, e contabilizá-las em razonete.

Itens:

Veículos de transporte de passageiros – R$ 49.500,00

Imóveis – R$ 122.300,00

Máquinas e equipamentos – R$ 24.750,00

Resolução

Depreciação de veículos:

$49.500,00 \times 20\% = 9.900,00 \div 12 = 825,00$

Despesas c/depreciação	Depreciação acumulada de veículos
825,00	825,00

Depreciação de imóveis:

$122.300,00 \times 4\% = 4.892,00 \div 12 = 407,67$

Despesas c/depreciação	Depreciação acumulada de veículos
407,67	407,67

Depreciação de máquinas e equipamentos:

$24.750,00 \times 10\% = 2.475,00 \div 12 = 206,25$

Despesas c/depreciação	Depreciação acumulada de veículos
206,25	206,25

Síntese

O conteúdo deste capítulo pode ser resumido nos conceitos a seguir.

- **Atos administrativos:** Ocorrências que não provocam alterações no patrimônio da empresa.

- **Fatos administrativos:** Ocorrências que provocam alterações no patrimônio da empresa, podendo ou não alterar o patrimônio líquido.

- **Tipos de fatos:** Permutativos; modificativos (aumentativos ou diminutivos); mistos (aumentativos ou diminutivos).

- **Fórmula de lançamento:** Quatro fórmulas: 1D = 1C; 1D = 2 ou +C; 2 ou +D = 1C e 2 ou +D = 2 ou +C.

- **Princípios contábeis:** Entidade, continuidade, oportunidade, registro pelo valor original, competência, prudência.

- **Razonete:** Ferramenta didática que facilita o processo de ensino--aprendizagem do débito e crédito.

- **Regimes contábeis:** Caixa e competência.

Questões para revisão

1. Cite e diferencie os regimes contábeis.

2. Ferramenta utilizada para facilitar o processo de ensino-aprendizagem da utilização do débito e do crédito, além de facilitar o controle do saldo das contas:
   a) Balancete de verificação.
   b) Razonetes.
   c) Livro-razão.
   d) Livro diário.

3. Representa um livro contábil:
   a) Livro de Entrada de Mercadorias.
   b) Livro de Apuração do Lucro Real (Lalur).
   c) Livro de Registro de Atas de Reuniões de Conselho Fiscal.
   d) Livro diário.

4. Representa a 3ª fórmula de lançamento contábil:

   a) 2 ou +D = 1C.

   b) 1D = 1 ou +D.

   c) 2 ou +D = 2 ou +/- C.

   d) 1D = 1C.

5. O que são atos e fatos administrativos? Diferencie-os.

Operações com mercadorias 5

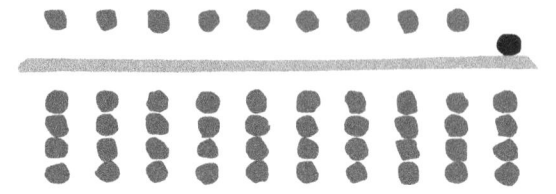

Conteúdos do capítulo:

- Fatos que influenciam as operações com mercadorias;
- Influência do Imposto sobre Circulação de Mercadorias e Serviços (ICMS) na compra e na venda de mercadorias;
- Apuração do ICMS;
- Características do Programa de Integração Social (PIS) e da Contribuição para o Financiamento da Seguridade Social (Cofins);
- Gastos acessórios nas operações com mercadorias;
- Devoluções de compras e vendas;
- Custo da mercadoria vendida (CMV);
- Sistemas de controle de estoque de mercadorias.

Após o estudo deste capítulo, você será capaz de:

- compreender as principais características das operações com mercadorias;
- contabilizar as operações com mercadorias;
- efetuar a apuração mensal do ICMS;
- efetuar a apuração mensal do PIS e da Cofins;
- identificar os gastos acessórios nas operações com mercadorias;
- calcular o CMV;
- identificar os sistemas de controle de estoques.

A operação com mercadorias é extremamente importante no processo de apuração do resultado do exercício, tendo em vista que o custo da mercadoria tem representação relevante no resultado. Tal assunto envolve lançamentos em contas patrimoniais e de resultado. Vejamos a contabilização de um exemplo de compra de mercadorias e um de venda de mercadorias.

Exemplo 1: compra a prazo de mercadorias por R$ 93.000,00.

Fornecedores		Mercadorias	
	93.000,00	93.000,00	

Exemplo 2: venda à vista de mercadorias por R$ 75.000,00.

Caixa		Receita com vendas	
75.000,00			75.000,00

Agora, depois de verificarmos a contabilização de uma compra e de uma venda na sua forma mais simplificada, veremos as condições e as situações que farão com que esses lançamentos sofram alterações, transformando-se em lançamentos completos de compras e vendas de mercadorias. Porém, antes de passarmos adiante, é interessante destacar que no lançamento da venda de mercadorias não existe movimentação da conta **Mercadorias**; isso se dá devido à necessidade de se apurar o custo, considerando que na venda existe, além do custo, a margem de lucro. No decorrer deste capítulo, verificaremos o custo.

5.1 Fatos que influenciam as operações com mercadorias

As transações envolvendo compra e venda de mercadorias incluem fatos que influenciam diretamente os valores da compra e da venda. Vejamos quais são os mais comuns.

Existem tributos que são calculados diretamente sobre as transações com mercadorias, entre os quais podemos destacar:

- Imposto sobre Circulação de Mercadorias e Serviços (ICMS);
- Programa de Integração Social (PIS) sobre faturamento;
- Contribuição para o Financiamento da Seguridade Social (Cofins).

A seguir, abordaremos mais detalhadamente esses tributos.

5.1.1 ICMS

O ICMS é um imposto de competência estadual, ou seja, cada estado da Federação tem o direito de regulamentá-lo[1]. As principais características desse tributo são:

a) o valor do imposto é "por dentro", ou seja, já faz parte do valor da mercadoria na transação;

b) o imposto "não cumulativo" significa que ele pode ser compensado em transações seguintes;

c) a alíquota[2] interna, ou seja, dentro do estado, tem variação de produto para produto, sendo que a mais comum no Estado do Paraná é de 18%;

d) a alíquota interestadual é de 12% para os estados de Santa Catarina, São Paulo, Rio de Janeiro, Rio Grande do Sul e Minas Gerais, enquanto que para os demais estados da Federação a alíquota é de 7%;

e) existem mercadorias que são isentas ou imunes do ICMS, ou seja, nem todas as mercadorias têm ICMS;

1   A regulamentação do ICMS obedece a uma regulamentação maior, no caso, o Código Tributário Nacional, (instituído pela Lei nº 5.172, de 25 de outubro de 1966 – Brasil, 1966) o qual fixa regras para que cada estado crie a sua legislação.

2   Percentual de cálculo do imposto.

f) incide sobre o transporte interestadual e intermunicipal, ou seja, o frete sobre compra ou venda de mercadoria tem ICMS;

g) a base de cálculo do ICMS é o valor total da mercadoria;

h) imposto de competência de apuração mensal.

Vejamos como calcular o ICMS em uma transação de compra de mercadorias.

- **Exemplo**: Compra de mercadorias a prazo no valor de R$ 30.000,00 – ICMS de 18%.

  » Base de cálculo: o valor de mercadoria – R$ 30.000,00

  » Alíquota: 18% destacado na compra

  Portanto:

  » R$ 30.000,00 × 18% = R$ 5.400,00

  Então:

  » Valor do ICMS: R$ 5.400,00 (lançar em ICMS conta gráfica)

  » Custo da mercadoria: R$ 24.600,00 (lançar em mercadorias)

  » Total da compra: R$ 30.000,00 (lançar em fornecedores)

Como o ICMS será compensado, este não fará mais parte do custo da mercadoria. Por esse motivo, será lançado em uma conta específica: ICMS conta gráfica.

5.1.1.1 Contabilização do ICMS na compra de mercadorias

Quando as empresas efetuam a compra de mercadorias, uma vez que o imposto é considerado por dentro, estas pagam o imposto antecipadamente. Esse pagamento não é feito diretamente ao governo[3], mas depositado ao vendedor, o qual tem a obrigação de recolher esses valores ao governo. Portanto, funciona basicamente como se o comprador estivesse fazendo um adiantamento do ICMS no momento da compra. Assim, o valor do imposto deve ser descontado do valor da mercadoria e lançado em conta separada, haja vista que o comprador efetuou um adiantamento de imposto para o governo, tendo então direito de descontar esse imposto pago quando efetuar a sua venda.

[3] Quem tem direito a receber, devido à característica dos tributos.

A contabilização da compra, desse modo, no caso citado, ficaria da seguinte forma:

Fornecedores	ICMS conta gráfica	Mercadorias
30.000,00	5.400,00	24.600,00

Nessa contabilização, a compra a prazo de mercadorias ocorre por R$ 30.000,00 com ICMS de 18% (calculado anteriormente).

5.1.1.2 Contabilização do ICMS na venda de mercadorias

Quando vendem mercadorias, tendo em vista ser o imposto considerado por dentro, as empresas recebem o imposto antecipadamente. A responsabilidade sobre o recolhimento desse recebimento que não foi efetuado diretamente ao governo fica com o vendedor. Portanto, esse processo funciona basicamente como se o vendedor estivesse recebendo os valores do governo, ou seja, no momento da compra, a empresa adiantou o ICMS e, no momento da venda, ela recebeu o ICMS, que é do governo. Assim, a empresa tem de apurar o ICMS.

A contabilização de uma venda de mercadoria fica da seguinte forma (exemplo de cálculo e contabilização: venda à vista em dinheiro de mercadoria – R$ 55.000,00 com ICMS de 18%):

Base de cálculo: o valor de mercadoria vendida – R$ 55.000,00

* Alíquota: 18% destacado na venda

Portanto:

* R$ 55.000,00 × 18% = R$ 9.900,00

Então:

* Valor do ICMS – R$ 9.900,00

* Lançamento:

  * D: ICMS sobre venda

  * C: ICMS conta gráfica

* Total da venda – R$ 55.000,00

* Lançamento:

  * D: Caixa

  * C: Receita com vendas

Podemos notar que, no momento da venda de mercadorias, nós calculamos o ICMS, porém não separamos o ICMS da venda propriamente dita. Isso ocorre devido à necessidade de apurarmos a receita bruta. Por esse motivo, o ICMS sobre venda é contabilizado separadamente.

Receita com vendas		Caixa	
	55.000,00	55.000,00	

ICMS sobre vendas		ICMS conta gráfica	
9.900,00		5.400,00[4]	9.900,00

Depois de compreendermos como é dada a contabilização do ICMS, passaremos a abordar a apuração desse tributo.

5.1.1.3 Apuração do ICMS lançado durante as transações com mercadorias

As empresas devem apurar o ICMS de acordo com a competência mensal, ou seja, mês a mês. Para a apuração, a empresa deve utilizar a conta **ICMS Conta Gráfica**, que pode apresentar dois resultados: saldo devedor ou saldo credor. Primeiramente, utilizaremos o razonete dos exemplos anteriores para demonstrar a apuração. Como o saldo ficou credor, este foi encerrado, com a contrapartida na conta ICMS a Recolher (passivo circulante):

ICMS conta gráfica			ICMS a recolher	
5.400,00	9.900,00			4.500,00[5]
4.500,00	4.500,00	S		4.500,00

Vamos imaginar uma situação hipotética da conta **ICMS Conta Gráfica**, demonstrando saldo devedor. Este seria encerrado com a contrapartida na conta **ICMS a Recuperar** (ativo circulante). Veja a seguir os razonetes representando essa situação:

ICMS Conta Gráfica		ICMS a Recuperar	
15.400,00	9.900,00	5.500,00[6]	
S 5.500,00	5.500,00	S 5.500,00	

Compreender a apuração do ICMS nos ajuda a entender os outros tributos que serão analisados a seguir.

4 Lançamento efetuado no momento da compra de mercadorias com ICMS.

5 Essa apuração representou o saldo credor de R$ 4.500,00, que foi lançado a débito com objetivo de zerar essa conta, transferindo o valor para a conta de ICMS a Recolher, o que representa o total que a empresa deve pagar nessa competência.

6 Essa apuração representou o saldo devedor de R$ 5.500,00, que foi lançado a crédito com objetivo de zerar essa conta, transferindo o valor para a conta de ICMS a Recuperar, o qual representa o total que a empresa pagou a mais do que devia desse valor, podendo recuperá-lo na próxima competência.

5.1.2 PIS sobre faturamento e Cofins

Essas duas contribuições, instituídas pelo governo federal, são consideradas como tributação sobre o faturamento das empresas. Atualmente, a legislação federal que versa sobre o cálculo dessas contribuições estipula condições para suas tributações, seguindo dois critérios ou enquadramentos. Podemos calcular o PIS sobre faturamento e a Cofins pelo **lucro real** ou pelo **lucro presumido**, que seriam formas distintas no processo de tributação das empresas[7].

Tabela 5.1 – Diferenças entre as formas de tributação da Confins e do PIS[8]

Característica	Lucro real		Lucro presumido	
	PIS	Cofins	PIS	Cofins
Alíquota	1,65%	7,6%	0,65%	3,0%
Base de cálculo	Faturamento	Faturamento	Faturamento	Faturamento
Apuração	Não cumulativo	Não cumulativo	Cumulativo	Cumulativo
Competência	Mensal	Mensal	Mensal	Mensal

Fonte: Baseado em Brasil, 2003.

O faturamento é definido de acordo com a Lei nº 10.833, de 29 de dezembro de 2003 (Brasil, 2003), que traz o seguinte texto em seu art. 1º:

A Contribuição para o Financiamento da Seguridade Social – Cofins, com a incidência não cumulativa, tem como fato gerador o faturamento mensal, assim entendido o total das receitas auferidas pela pessoa jurídica, independentemente de sua denominação ou classificação contábil.

Portanto, o faturamento compreende todas as receitas auferidas pela empresa, ou seja, tudo que a empresa contabilizou como receita, independentemente do tipo que seja.

Quanto a ser não cumulativo, significa que pode ser compensado com valores pagos antecipadamente, a exemplo do ICMS. Já a condição de ser cumulativo significa que o valor calculado é definitivo, não se podendo fazer compensação no momento do cálculo.

5.1.2.1 Contabilização do PIS sobre faturamento e da Cofins na compra e na venda de mercadorias

O processo de contabilização do PIS sobre faturamento e da Cofins na tributação pelo lucro real é semelhante à contabilização do ICMS. Assim,

7 A partir desta altura da obra, utilizaremos a forma de tributação pelo lucro real, pois trata-se de condição geral para as empresas.

8 Conforme Lei nº 10.833/2003.

vejamos os exemplos do ICMS, já incorporando o PIS sobre faturamento e a Cofins.

Exemplo 1: compra de mercadorias a prazo no valor de R$ 30.000,00 – ICMS de 18%

Fornecedores		ICMS conta gráfica		Mercadorias	
	30.000,00	5.400,00		21.825,00	

PIS s/fat. conta gráfica		Cofins conta gráfica	
495,00		2.280,00	

Relembrando: Assim como o ICMS, nesse caso o PIS sobre faturamento e a Cofins serão compensados em transações futuras, portanto não fazem parte do custo da mercadoria, sendo o valor total do custo da mercadoria encontrado por meio da seguinte fórmula:

Total da compra – Valor do ICMS – Valor do PIS s/ faturamento – Valor da Cofins

Exemplo 2: venda à vista de mercadoria por R$ 55.000,00 – ICMS de 18%

Receita com vendas		Cofins conta gráfica	
	55.000,00	55.000,00	

ICMS sobre venda		ICMS conta gráfica	
9.900,00		5.400,00[9]	9.900,00

PIS sobre faturamento		PIS s/fat. conta gráfica	
907,50		495,00[9]	907,50

Cofins		Cofins conta gráfica	
4.180,00		2.280,00[9]	4.180,00

A seguir, veremos como é dada a apuração desses tributos.

[9] Lançamentos efetuados no momento da compra de mercadorias.

5.1.2.2 Apuração mensal do PIS s/faturamento e da Cofins

As empresas deverão apurar o PIS s/faturamento e a Cofins de acordo com a competência mensal, ou seja, mês a mês. Para a apuração, a empresa deve utilizar a conta **PIS s/Fat. conta gráfica** e a conta **Cofins conta gráfica**, que podem apresentar dois resultados: saldo devedor ou saldo credor. Utilizaremos o razonete dos exemplos anteriores para demonstrar a apuração:

PIS s/fat. conta gráfica			PIS s/fat. a recolher
495,00	907,50		412,50
412,50	412,50	S	412,50

A apuração poderia apresentar o saldo devedor, que seria lançado a crédito com o objetivo de zerar essa conta, transferindo o valor para a conta de PIS s/Fat. a Recuperar, que representa o total que a empresa pagou a mais do que devia desse valor, podendo recuperá-lo na próxima competência.

Cofins conta gráfica			Cofins a recolher
2.280,00	4.180,00		1.900,00
1.900,00	1.900,00	S	S 1.900,00

A apuração poderia apresentar o saldo devedor, que seria lançado a crédito com o objetivo de zerar essa conta, transferindo o valor para a conta Cofins a Recuperar, que representa o total que a empresa pagou a mais do que devia do referido valor, podendo recuperá-lo na próxima competência.

5.1.3 Gastos acessórios na operação com mercadorias

As operações com mercadorias não estão limitadas exclusivamente à compra e venda da própria mercadoria. Podem ocorrer, dentro do processo de transação com mercadorias, outros gastos que devem ser considerados como operações com mercadorias por influenciarem no preço do custo final ou no da venda final.

5.1.3.1 Fretes sobre compras

Os fretes sobre compras acrescem o valor da mercadoria, tendo em vista que se tornam necessários para que o produto fique à disposição do comprador. Consequentemente, o frete sobre compra passa a integrar o custo da mercadoria.

Por fazer parte do custo da mercadoria, o frete deve ser contabilizado diretamente na conta referente a esta, seguindo, portanto, o mesmo processo da contabilização da mercadoria.

Em resumo, o frete sobre compra é custo da mercadoria e, por tratar-se de um serviço que sofre tributação de ICMS[10], este também deverá ser descontado do valor total do frete, antes do lançamento.

Vejamos o exemplo do lançamento do frete sobre uma compra de mercadoria.

Exemplo: contratação a prazo de frete sobre compra de mercadoria por R$ 750,00 – ICMS 12%

Fornecedores	ICMS conta gráfica	Mercadorias
750,00	90,00	660,00

Observação: podemos verificar que o lançamento contábil do frete sobre compras é exatamente igual ao lançamento contábil da compra de mercadoria.

5.1.3.2 Seguros sobre compras

A empresa compradora pode contratar um seguro para o transporte da mercadoria. Esse valor deve ser contabilizado também como custo da mercadoria, portanto, na conta Mercadoria. O seguro não tem incidência de ICMS; logo, o valor pago não tem redução nenhuma na contabilização.

Exemplo: pagamento à vista de seguro sobre o transporte da mercadoria comprada até o estabelecimento no valor de R$ 250,00

Caixa[11]	Mercadorias
250,00	250,00

Desse modo, visualizamos melhor o seguro sobre a compra.

5.1.3.3 Fretes sobre vendas

O frete pago sobre as vendas das mercadorias é considerado despesa, portanto o seu valor não deve ser contabilizado na conta de mercadorias. Independentemente dessa interpretação, para fins de lançamento contábil, o frete sobre vendas é tributado pelo ICMS; logo, o valor pago a título desse imposto deve ser descontado da despesa e contabilizado na conta ICMS conta gráfica, sendo passível de compensação por tratar-se de

10 A alíquota do ICMS para o serviço de transporte interestadual ou intermunicipal é de 12% em todo o território nacional.

11 Esse lançamento foi contabilizado isoladamente. Por esse motivo, a conta Caixa está demonstrando um saldo credor. Devemos lembrar que as contas do ativo não podem apresentar saldo credor, exceto as contas retificadoras do ativo.

adiantamento ao governo. Vejamos como fica a contabilização do frete sobre venda.

Exemplo: pagamento de frete sobre venda no total de R$ 630,00 – ICMS 12%

Caixa		ICMS conta gráfica	Despesas com frete
	630,00	75,60	554,40

Depois de visualizar a contabilização do frete, vejamos como é dada a contabilização da devolução de compras.

5.1.4 Devolução de compras

Essa situação se caracteriza pela devolução física das mercadorias que foram adquiridas pela empresa. Essa devolução consiste, em termos contábeis, em um estorno. Portanto, o processo de contabilização deverá ser completamente inverso ao lançamento da compra. Vejamos a seguir um exemplo da contabilização.

Exemplo: compra de mercadorias a prazo, no valor de R$ 30.000,00 – ICMS 18%

Fornecedores		ICMS conta gráfica	Mercadorias
	30.000,00	5.400,00	21.825,00

PIS s/fat. conta gráfica	Cofins conta gráfica
495,00	2.280,00

Devolução parcial de R$ 17.000,00 da compra de mercadorias

Fornecedores		ICMS conta gráfica		Mercadorias	
17.000,00	30.000,00	5.400,00	3.060,00	21.825,00	12.367,50

PIS s/fat. conta gráfica		Cofins conta gráfica	
495,00	280,50	2.280,00	1.292,00

Analisando o lançamento de devolução de compra que foi realizado anteriormente, podemos verificar que este consiste em um estorno contábil, ou seja, todas as contas que receberam um lançamento a débito recebem um lançamento a crédito, e as contas que receberam um lançamento a crédito recebem um lançamento a débito.

5.1.5 Devolução de vendas

Essa situação se caracteriza pela devolução física das mercadorias que foram vendidas pela empresa. A devolução de vendas consiste, em termos contábeis, em um estorno. Portanto, o processo de contabilização deve ser inverso ao lançamento da venda, com um pequeno detalhe na contabilização das contas de resultado, pois utilizamos a conta Devolução de Venda em substituição ao lançamento inverso na conta Receita com Vendas. Vejamos a seguir um exemplo da contabilização.

Exemplo: venda de mercadoria à vista, no valor de R$ 55.000,00 – ICMS de 18%

Receita com vendas		Caixa		ICMS sobre venda	
	55.000,00	55.000,00		9.900,00	

ICMS conta gráfica		PIS s/faturamento		PIS s/fat. conta gráfica	
5.400,00	9.900,00	907,50		495,00	907,50

Cofins		Cofins conta gráfica		Receita com vendas	
4.180,00		2.280,00	4.180,00		55.000,00

Exemplo: devolução parcial da mercadoria vendida = R$ 21.500,00

Caixa		Devolução de vendas		ICMS s/venda	
55.000,00	21.500,00	21.500,00		9.900,00	3.870,00

ICMS conta gráfica		PIS s/faturamento		PIS s/fat. conta gráfica	
5.400,00	9.900,00	907,50	354,75	495,00	907,50
3.870,00				354,75	

Cofins		Cofins conta gráfica	
4.180,00	1.634,00	2.280,00	4.180,00
		1.634,00	

Tais razonetes nos ajudam a visualizar como ocorre a devolução.

5.2 Custo da mercadoria vendida

Você deve ter reparado, como já destacado anteriormente, que em nenhum dos exemplos de vendas de mercadorias houve baixa direta destas, ou seja, quando efetuamos uma venda, o lançamento a crédito da operação foi realizado na conta Receita com Vendas, e não na conta Mercadorias. Então, quando e como é efetuado o lançamento dos custos de venda dessas mercadorias?

Existem duas formas para efetuarmos a contabilização dos custos da venda, uma baseada no **sistema periódico de controle de estoques** e outra no **sistema permanente de controle de estoques**.

5.2.1 Sistema periódico de controle de estoques

Esse sistema consiste em um levantamento dos estoques reais da empresa de períodos em períodos, que geralmente coincidem com o exercício social. Gerencialmente, recomenda-se que seja feito esse controle com periodicidade mensal, embora esses períodos possam ser menores, dependendo da necessidade dos usuários das informações contábeis das empresas.

Nesse sistema, o custo das mercadorias vendidas é determinado por meio da seguinte fórmula:

CMV = EI + C + CA – DC – EF, em que:

CMV – custo das mercadorias vendidas

EI – estoque inicial

C – compras de mercadorias

CA – custos acessórios (fretes e seguros sobre compras de mercadorias)

DC – devolução de compras de mercadorias

EF – estoque final de mercadorias

O **estoque inicial** representa os valores que foram contabilizados no início do período, ou seja, os que estavam registrados no balanço patrimonial do último dia anterior ao início do período referência. Já o estoque final é verificado por meio de um inventário[12] periódico, que é realizado no último dia do período em que se deseja apurar o resultado do exercício.

A contabilização do CMV é realizada da seguinte forma:

- **Exemplo**: O estoque inicial totalizou R$ 23.500,00; as compras de mercadorias do mês perfizeram R$ 17.400,00; não houve devoluções de compras de mercadorias; os fretes sobre compra representaram R$ 1.700,00; o estoque final verificado por meio do inventário físico totalizou R$ 19.600,00.

Assim:

CMV = EI + C + CA – EF

CMV = 23.500,00 + 17.400,00 + 1.700,00 – 19.600,00

CMV = 23.000,00

Mercadorias		CMV	
	23.000,00	23.000,00	

Observação: a contabilização foi exclusivamente do lançamento do CMV.

5.2.2 Sistema permanente de controle de estoques

Esse sistema é realizado por meio de fichas de controle de estoque e tem a finalidade de monitorar o estoque a cada movimentação com a mercadoria, ou seja, a cada entrada ou saída de mercadoria.

O sistema permanente determina o valor do custo da mercadoria vendida a cada venda, controlando a variação do custo unitário médio a cada transação, seja ela compra, seja ela venda. Ao utilizarmos esse sistema de controle de estoque, é essencial que tenhamos a quantidade de cada mercadoria a ser controlada. Cada tipo de mercadoria tem de ser controlado em uma ficha individualizada, não podendo ser misturadas mercadorias de características diferentes.

As fichas de controle de estoque podem ser preenchidas de forma manuscrita, mas atualmente são controladas por processamento eletrônico de dados.

O sistema permanente de controle de estoques pode ser processado por três métodos de controles distintos: Primeiro que entra, primeiro que sai (PEPS), Último que entra, primeiro que sai (UEPS) e Média ponderada móvel (MPM).

12 Refere-se à contagem física das mercadorias que estão nas dependências da empresa.

5.2.2.1 Primeiro que entra, primeiro que sai (PEPS)

Consiste no processo no qual a baixa de estoque é processada pelo valor do custo unitário da primeira compra de mercadorias efetuada pela empresa, ou seja, o primeiro custo que entrou será o primeiro custo a sair. Nesta obra, não aprofundaremos o estudo sobre esse tipo de controle, por ser mais utilizado no meio industrial. Esse método é abordado com mais ênfase em obras de custos industriais.

5.2.2.2 Último que entra, primeiro que sai (UEPS)

Consiste no processo no qual a baixa de estoque é processada pelo valor do custo unitário da última compra de mercadorias efetuada pela empresa, ou seja, o último custo que entrou será o primeiro custo a sair. Nesse método, corremos o risco de deixar na empresa custos totalmente defasados em estoque. Nesta obra, não nos aprofundaremos nesse tipo de controle, por ser mais utilizado no meio industrial, além de não ser autorizada a sua utilização pela legislação do Imposto de Renda (Decreto nº 3.000, de 26 de março de 1999). Esse método é abordado com mais ênfase em obras de custos industriais.

5.2.2.3 Média ponderada móvel (MPM)

Consiste no processo no qual os valores do custo unitário são recalculados a cada nova entrada de mercadorias, gerando uma média unitária dos valores em estoques. Cada saída é processada utilizando-se o custo unitário médio anterior.

- **Exemplo:** Contabilizaremos[13] os fatos relacionados a seguir apenas na ficha de controle de estoques:

  02/01 – estoque inicial de mercadorias – 335 pneus – R$ 11.869,45;

  02/01 – compra de 200 pneus por R$ 10.000,00 – ICMS de 18%;

  02/01 – pagamento de frete sobre compras – R$ 145,35 – ICMS 12%;

  10/01 – venda de 285 pneus à vista por R$ 16.000,00 – ICMS 12%;

  15/01 – compra de 100 pneus a prazo por R$ 6.050,35 – ICMS de 12%;

  16/01 – compra de 85 pneus por R$ 4.680,00 – ICMS de 18%, à vista;

  16/01 – pagamento de fretes sobre compras – R$ 92,55 – ICMS de 12%;

  23/01 – venda de 170 pneus a prazo por R$ 8.000,00 – ICMS 18%;

  31/01 – venda de 59 pneus à vista por R$ 4.500,00 – ICMS 12%.

13 Utilizaremos o lucro real como forma de tributação para o preenchimento deste exemplo.

Observação: lembre-se de que as contribuições PIS s/faturamento e Cofins devem ser deduzidas do valor do custo da mercadoria, pois são compensadas futuramente.

Neste exemplo, estamos preocupados apenas em levantar os valores individuais dos custos da mercadoria vendida.

Para o cálculo do saldo atual, utilizamos a seguinte fórmula:

**Saldo atual = saldo anterior (linha anterior) +
entradas – saídas**

Para o cálculo das saídas:

Custo unitário do saldo anterior × quantidade

A contabilização do CMV pode ocorrer a cada lançamento efetuado na ficha de controle de estoques ou pode ocorrer no último dia de cada período de apuração. O mesmo mecanismo empregado no sistema periódico é utilizado na contabilização.

Síntese

Este capítulo pode ser resumido nos conceitos a seguir.

- **Operações com mercadorias:** Fatos que influenciam a contabilização das compras e das vendas de mercadoria.

- **Tributos e contribuições que influenciam as operações com mercadoria:** ICMS, PIS sobre faturamento e Cofins.

- **Gastos acessórios na operação com mercadorias:** Aqueles que devem ser somados ao custo da mercadoria no momento de seu pagamento – fretes sobre compra, seguros.

- **Devolução na operação com mercadorias:** Caracterizada pela devolução física da mercadoria comprada ou vendida. Contabilmente, funciona como estorno.

- **CMV – Custo da mercadoria vendida:** Consiste em levantar o valor pago pela mercadoria que foi vendida, podendo ser calculado pelo sistema periódico de controle de estoque ou pelo sistema permanente de controle de estoque.

Exemplo de controle de estoque

		Ficha de controle de estoque									

Produto/mercadoria: pneu

Ficha nº: 001

Método de controle: MPM

Data	Histórico	Entradas (+)			Saídas (–)			Saldo (=)		
		Quant.	Custo unit. em Reais	Custo total em Reais	Quant.	Custo unit. em Reais	Custo total em Reais	Quant.	Custo unit. em Reais	Custo total em Reais
02/01	Estoque Inicial							335	35,43	11.869,45
02/01	Compra de mercadoria	200	36,38	7.275,00				535	35,78	19.144,45
02/01	Frete sobre compra			127,91				535	36,02	19.272,36
10/01	Venda de mercadoria				285	36,02	10.265,70	250	36,03	9.006,66
15/01	Compra de mercadoria	100	47,65	4.764,65				350	39,35	13.771,30
16/01	Compra de mercadoria	85	38,95	3.404,70				435	39,49	17.176,00
16/01	Frete sobre compra			81,44				435	39,67	17.257,44
23/01	Venda de mercadoria				170	39,67	6.743,90	265	39,67	10.513,54
31/01	Venda de mercadoria				59	39,67	2.340,53	206	39,67	8.173,01
						CMV	19.350,13			

Uma empresa possuía em estoque inicial o valor de R$ 2.300,00. Durante o ano, efetuou compras no valor de R$ 142.098,00 (já deduzidos o ICMS, a Cofins e o PIS sobre faturamento) e teve gastos com fretes sobre as compras no valor de R$ 2.234,00 (já deduzido o ICMS, a Cofins e o PIS sobre faturamento) e com seguros no transporte no valor de R$ 798,09. No final do período, após todas as venda do ano, a organização fez o inventário de estoque, que totalizou o valor de R$ 74.198,05. Calcule o valor do CMV.

Resolução:

CMV = EI + C + FC + CA – EF

CMV = 2.300,00 + 142.098,00 + 2.234,00 + 798,09 – 74.198,05

CMV = 73.232,04

Resposta: CMV é R$ 73.232,04

Questões para revisão

Utilizando os conhecimentos adquiridos neste capítulo e nos capítulos anteriores, efetue o lançamento na ficha de estoque utilizando o método MPM, com o objetivo de calcular o CMV.

Contabilize todos os lançamentos a seguir em razonetes e apure o valor mensal do ICMS, da Cofins e do PIS sobre faturamento.

01/03 – estoque inicial de mercadorias – 43.375 cadernos – R$ 395.355,00;

03/03 – venda à vista de 8.900 cadernos por R$ 129.729,40 – ICMS 12%;

12/03 – compra a prazo de 12.000 cadernos por R$ 143.880,00 – ICMS 18%;

12/03 – pagamento à vista de frete sobre a compra de mercadoria – R$ 4.000,00 – ICMS 12%;

19/03 – compra a prazo de 45.000 cadernos por R$ 445.400,00 – ICMS 12%;

21/03 – compra a prazo de 22.000 cadernos por R$ 239.360,00 – ICMS 18%;

28/03 – venda a prazo de 28.000 cadernos por R$ 407.864,80 – ICMS 18%;

31/03 – venda à vista de 19.500 cadernos por R$ 284.048,70 – ICMS 12%.

Demonstrações contábeis

6

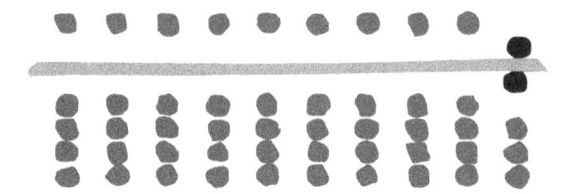

Conteúdos do capítulo:

- Balanço patrimonial;
- Demonstração do resultado do exercício;
- Demonstração de lucros ou prejuízos acumulados;
- Demonstração dos fluxos de caixa;
- Demonstração do valor adicionado;
- Notas explicativas;
- Tributação;
- Etapas para o levantamento das demonstrações contábeis.

Após o estudo deste capítulo, você será capaz de:

- identificar todas as demonstrações financeiras/demonstrações contábeis exigidas por lei;
- compreender as situações de tributação das empresas;
- compreender e executar as etapas para o levantamento das demonstrações contábeis.

O fechamento do exercício financeiro consiste na condensação de todas as informações produzidas em um determinado período em relatórios ordenados que facilitem a interpretação e a utilização destas. Apesar da exigência da legislação, o encerramento do exercício financeiro é de vital importância para a evolução patrimonial, pois, com base nas informações apuradas, poderão ser tomadas as decisões necessárias para o sucesso da empresa.

O encerramento se processa por etapas distintas que seguem uma ordem lógica. Os demonstrativos gerados pelo encerramento são denominados, conforme a Lei nº 6.404, de 15 de dezembro de 1976 (Brasil, 1976), de *demonstrações financeiras*, também conhecidas como *demonstrações contábeis*.

Essas demonstrações contábeis constituem-se em documentos que são de vital importância para as empresas, seja para o cumprimento de fins fiscais, seja para o levantamento de crédito com terceiro, seja para a mais relevante das finalidades: o fornecimento de informações administrativas cruciais para o sucesso empresarial, pois, por meio destas, os administradores podem tomar decisões que afetam o desenvolvimento da empresa.

Neste capítulo, vamos conhecer as demonstrações contábeis exigidas por lei e efetuar um encerramento de exercício financeiro, considerando todas as características, inclusive de apuração dos impostos sobre lucro[1].

6.1 Balanço patrimonial

Essa demonstração contábil é a mais importante da empresa por apresentar as suas situações econômica e financeira[2]. Trata-se de um demonstrativo contábil, apurado periodicamente, que indica a situação econômico-financeira de uma empresa em determinado momento. O balanço patrimonial é uma fotografia da organização em dado período, e a necessidade desse documento está regulamentada na Lei nº 6.404/1976, do art. 178 ao art. 184, que tratam da classificação e dos critérios de avaliação das contas no balanço patrimonial, e também no art. 1.179 do Código Civil – Lei nº 10.406, de 10 de janeiro de 2002 (Brasil, 2002).

A classificação das contas do balanço patrimonial já foi estudada no Capítulo 3 deste livro de acordo com a divisão do ativo e do passivo.

6.2 Demonstração do resultado do exercício (DRE)

A demonstração do resultado do exercício, que é regulamentada pelo art. 187 da Lei nº 6.404/1976, visa à apuração do resultado econômico do exercício financeiro, ou seja, demonstra se houve lucro ou prejuízo no período de apuração. Essa demonstração consiste em uma exposição ordenada de todas as contas de resultado da empresa em determinado período, com a finalidade de verificação do lucro ou do prejuízo deste.

O art. 187 da Lei nº 6.404/1976 trata da discriminação dos elementos que devem ser computados na demonstração do resultado do exercício, a saber:

Art. 187. A demonstração do resultado do exercício discriminará:

I - a receita bruta das vendas e serviços, as deduções das vendas, os abatimentos e os impostos;

II - a receita líquida das vendas e serviços, o custo das mercadorias e serviços vendidos e o lucro bruto;

III - as despesas com as vendas, as despesas financeiras, deduzidas das receitas, as despesas gerais e administrativas, e outras despesas operacionais;

IV - o lucro ou prejuízo operacional, as outras receitas e as outras despesas;

V - o resultado do exercício antes do Imposto sobre a Renda e a provisão para o imposto;

VI - as participações de debêntures, empregados, administradores e partes beneficiárias, mesmo na forma de instrumentos financeiros, e de instituições ou fundos de assistência ou previdência de empregados, que não se caracterizem como despesa;

VII - o lucro ou prejuízo líquido do exercício e o seu montante por ação do capital social.

§ 1º Na determinação do resultado do exercício serão computados:

a) as receitas e os rendimentos ganhos no período, independentemente da sua realização em moeda; e

b) os custos, despesas, encargos e perdas, pagos ou incorridos, correspondentes a essas receitas e rendimentos.

[...]

Vejamos a seguir um modelo de DRE.

Modelo

Companhia "X"

CNPJ 00.000.000/0005-00

Demonstração do Resultado do Exercício de 01/01/20_1 a 31/12/20_1

em Reais

Receita operacional bruta	_____
Receita com vendas	_____
Receita com serviços	_____
(–) Deduções da receita bruta	_____
PIS[3] sobre faturamento	_____
Cofins[4]	_____
ICMS[5] sobre vendas	_____
ISS[6]	_____
Devolução de vendas	_____
(=) Receita operacional líquida	_____
(–) Custo das mercadorias vendidas	_____
(=) Lucro operacional bruto	_____
(–) Despesas operacionais	_____
Despesas com vendas	_____
Despesas administrativas	_____
Despesas tributárias	_____
Resultado financeiro líquido	_____
(+) Receitas financeiras	_____
(–) PIS sobre faturamento receitas financeiras	_____
(–) Cofins receitas financeiras	_____
(–) Despesas financeiras	_____

3   Programa de Integração Social

4   Contribuição para o Financiamento da Seguridade Social.

5   Imposto sobre Circulação de Mercadorias e Prestação de Serviços.

6   Imposto sobre Serviços de Qualquer Natureza.

(continua)

(=) Lucro operacional líquido	_____
(+/-) Outras receitas ou despesas	_____
(+) Outras receitas	_____
(–) PIS sobre faturamento outras receitas	_____
(–) Cofins outras receitas	_____
(–) Outras despesas	_____
(+/-) Resultado da Equivalência Patrimonial	_____
(+/-) Resultado da Venda de Imobilizado	_____
(=) Lucro antes do Imposto de Renda e Contribuição Social	_____
(–) Contribuição social sobre o lucro	_____
(–) Impostos de Renda	_____
(–) Adicional do Imposto de Renda	_____
(=) Lucro após o Imposto de Renda e Contribuição Social	_____
(–) Participações	_____
Empregados	_____
Administradores	_____
(=) Lucro líquido do exercício	_____

Na demonstração do resultado do exercício deverão ser calculados os impostos e as contribuições sobre os lucros.

6.3 Demonstração de lucros ou prejuízos acumulados (DLPA)

A demonstração de lucros ou prejuízos acumulados, regulamentada pelo art. 186 da Lei nº 6.404/1976, visa à demonstração da evolução da conta **Lucros ou Prejuízos Acumulados**, revelando os eventos que influenciaram a modificação de seu saldo. Revela, também, o dividendo por ação do capital realizado.

Vejamos a seguir o modelo de DLPA.

Modelo
Companhia "X"
CNPJ 00.000.000/0005-10
Demonstração de Lucros ou Prejuízos Acumulados em 31/12/2000

em Reais

1. Saldo no início do período	_____
2. (+/–) Ajustes de exercícios anteriores	_____
3. (=) Saldo ajustado	_____

(continua)

4. (+/–) Lucro ou prejuízo do exercício	_____
5. (+) Reversão de reservas	_____
6. (=) Saldo à disposição	_____
7. (–) Destinações	_____
• Reserva legal	_____
• Reserva estatutária	_____
• Reserva especial	_____
• Outras reservas	_____
• Dividendos obrigatórios (R$ por ação)	_____
8. Saldo no fim do exercício	_____

A DLPA é um demonstrativo muito simples e de fácil elaboração, porém, de grande importância, pois evidencia de forma resumida a situação da conta Lucros e Prejuízos Acumulados, facilitando a interpretação da sua evolução.

6.4 Demonstração dos fluxos de caixa (DFC)

A DFC, regulamentada pelo art. 188 da Lei nº 6.404/1976, tem por objetivo evidenciar a capacidade da empresa em gerar caixa, bem como demonstrar a necessidade de caixa para o desenvolvimento de suas atividades. Por meio da DFC, podemos verificar o quanto a empresa consegue captar ou qual é a necessidade de captação. Esse relatório deve contemplar três fluxos distintos: **atividades operacionais, atividades de financiamentos e atividades de investimentos.**

O fluxo das atividades operacionais tem por objetivo demonstrar as movimentações ocorridas com o resultado, ou seja, ligadas à produção e à entrega de bens e serviços. Já o fluxo das atividades de financiamento demonstra as variações ocorridas, oriundas de recursos captados em empréstimos e financiamentos, bem como a quitação destes. Por fim, o fluxo das atividades de investimento demonstra as variações relacionadas com o ativo não circulante, mais especificamente dos grupos de investimento e imobilizado.

A DFC substituiu a demonstração das origens e aplicação de recursos (Doar). A primeira foi inserida em lei apenas no ano de 2007, por meio da Lei nº 11.638, de 28 de dezembro de 2007 (Brasil, 2007), porém, mesmo antes da obrigatoriedade, o relatório já era exigido pela Comissão de

Valores Mobiliários (CVM) para as sociedades abertas. Na DCF, surge um novo conceito: **Equivalentes de Caixa**, que consiste em contas que representam liquidez imediata, como a conta **Bancos Conta Movimento** e a conta **Bancos Conta Aplicação Financeira** (liquidez imediata).

A legislação determina que todas as companhias abertas apresentem a DCF, porém desobriga as companhias fechadas que possuem patrimônio líquido, na data do balanço, menor que R$ 2.000.000,00 (dois milhões de reais), ficando, nesse caso, à escolha de cada empresa.

A DFC pode ser elaborada por dois métodos distintos: **método direto** e **método indireto.**

O método direto consiste em demonstrar o fluxo de atividades operacionais com base nas movimentações ocorridas nas disponibilidades, ou seja, todos os itens que tenham ocasionado entrada ou saída de disponibilidade. Já o método indireto é elaborado tomando-se por base o resultado, considerando o lucro ou prejuízo líquido do exercício, de uma forma muito semelhante ao da elaboração da antiga Doar. O método indireto também é conhecido como *método da conciliação*. Em ambos os métodos, os fluxos de investimento e de financiamentos são idênticos. Vejamos a seguir os modelos.

Companhia "X"	
CNPJ 00.000.000/0005-10	
Demonstração dos Fluxos de Caixa	
Método direto	
	em Reais
Fluxo de caixa das atividades operacionais	
Recebimentos de clientes	_____
Dividendos recebidos	_____
Juros recebidos	_____
Recebimentos por reembolso de seguros	_____
Recebimentos de lucros de subsidiárias	_____
Pagamentos a fornecedores	(_____)
Pagamentos de salários e encargos	(_____)
Imposto de renda pago	(_____)
Juros pagos	(_____)
Outros recebimentos ou pagamentos líquidos	_____
(=) Caixa líquido das atividades operacionais	_____
Fluxo de caixa das atividades de investimentos	
Alienação de imobilizado	_____
Alienação de investimentos	_____

(continua)

Aquisição de imobilizado	(_____)
Aquisição de investimentos	(_____)
(=) Caixa líquido das atividades de investimentos	_____
Fluxo de caixa das atividades de financiamentos	
Integralização de capital	_____
Juros recebidos de empréstimos	_____
Empréstimos tomados	_____
Aumento do capital social	_____
Pagamento de *leasing* (principal)	(_____)
Pagamentos de lucros e dividendos	(_____)
Juros pagos por empréstimos	(_____)
Pagamentos de empréstimos/debêntures	(_____)
(=) Caixa líquido das atividades de financiamentos	_____
Aumento/(redução) líquido de caixa e equivalentes de caixa	_____
Saldo de caixa – inicial	_____
Saldo de caixa – final	_____
Variação líquida de caixa e equivalentes de caixa	_____

**Modelo
Companhia "X"
CNPJ 00.000.000/0005-10
Demonstração do Fluxo de Caixa
Método indireto**

em Reais

Fluxo de caixa das atividades operacionais	
Resultado líquido	_____
(±) Ajustes que não representam entrada ou saída de caixa	_____
(+) Depreciação e amortização	_____
(+) Provisão para devedores duvidosos	_____
(±) Resultado na venda do imobilizado	_____
(±) Aumento ou diminuição do contas a receber	_____
(±) Aumento ou diminuição de estoques	_____
(±) Aumento ou diminuição de despesas antecipadas	_____
(±) Aumento ou diminuição de passivos	_____
(±) Aumento ou diminuição de outros ajustes	_____
(=) Caixa líquido das atividades operacionais	_____
Fluxo de caixa das atividades de investimentos	
(+) Alienação de imobilizado	_____
(+) Alienação de investimentos	_____
(–) Aquisição de imobilizado	_____

(continua)

(conclusão)

(–) Aquisição de investimentos	_____
(=) Caixa líquido das atividades de investimentos	_____
Fluxo de caixa das atividades de financiamentos	
(+) Integralização de capital	_____
(+) Juros recebidos de empréstimos	_____
(+) Empréstimos tomados	_____
(+) Aumento do capital social	_____
(–) Pagamento de *leasing* (principal)	_____
(–) Pagamentos de lucros e dividendos	_____
(–) Juros pagos por empréstimos	_____
(–) Pagamentos de empréstimos/debêntures	_____
(=) Caixa líquido das atividades de financiamentos	_____
Aumento/(redução) líquido de caixa e equivalentes de caixa	_____
Saldo de caixa – inicial	_____
Saldo de caixa – final	_____
Variação líquida de caixa e equivalentes de caixa	_____

6.5 Demonstração do valor adicionado (DVA)

A DVA tem por objetivo demonstrar de forma sintética os valores correspondentes à formação da riqueza gerada pela empresa em determinado período e o detalhamento de sua respectiva distribuição entre os elementos que contribuíram para a formação dessa riqueza, tais como empregados, financiadores, acionistas, governo e outros, bem como a parcela da riqueza não distribuída.

A DVA é obrigatória apenas para as companhias abertas, ficando dispensadas de apresentação as companhias fechadas. Vejamos um modelo do referido relatório.

Companhia "X" S.A.

CNPJ 00.000.000/0006-00

Demonstração do Valor Adicionado

		em Reais
	20_1	20_2
1 – Receitas	_____	_____
1.1) Vendas de mercadoria, produtos e serviços	_____	_____
1.2) Provisão p/devedores duvidosos – reversão/(constituição)	_____	_____
1.3) Não operacionais	_____	_____

(continua)

2 – Insumos adquiridos de terceiros (inclui ICMS e IPI⁷) ⁷) _____ _____

  2.1) Matérias-primas consumidas _____ _____

  2.2) Custos das mercadorias e serviços vendidos _____ _____

  2.3) Materiais, energia, serviços de terceiros e outros _____ _____

  2.4) Perda/recuperação de valores ativos _____ _____

3 – Valor adicionado bruto (1 – 2) _____ _____

4 – Retenções _____ _____

  4.1) Depreclação, amortização e exaustão _____ _____

5 – Valor adicionado líquido produzido pela entidade (3 – 4) _____ _____

6 – Valor adicionado recebido em transferência _____ _____

  6.1) Resultado de equivalência patrimonial _____ _____

  6.2) Receitas financeiras _____ _____

7 – Valor adicionado total a distribuir (5 + 6) _____ _____

8 – Distribuição do valor adicionado _____ _____

  8.1) Pessoal e encargos _____ _____

  8.2) Impostos, taxas e contribuições _____ _____

  8.3) Juros e aluguéis _____ _____

  8.4) Juros s/capital próprio e dividendos _____ _____

  8.5) Lucros retidos/prejuízo do exercício _____ _____

Nesse modelo, o total do item 8 deve ser exatamente igual ao do item 7.

6.6 Notas explicativas (NEs) às demonstrações financeiras

As notas explicativas são regulamentas pelos parágrafos 4º e 5º do art. 176 da Lei nº 6.404/1976. O detalhamento das informações que devem ser contempladas pelas NEs é apresentado no parágrafo 5º do referido artigo:

[...]
§ 5º As notas explicativas devem:
I - apresentar informações sobre a base de preparação das demonstrações financeiras e das práticas contábeis específicas selecionadas e aplicadas para negócios e eventos significativos;
II - divulgar as informações exigidas pelas práticas contábeis adotadas no Brasil que não estejam apresentadas em nenhuma outra parte das demonstrações financeiras;

7 Imposto sobre Produtos Industrializados.

III - fornecer informações adicionais não indicadas nas próprias demonstrações financeiras e consideradas necessárias para uma apresentação adequada; e

IV - indicar:

a) os principais critérios de avaliação dos elementos patrimoniais, especialmente estoques, dos cálculos de depreciação, amortização e exaustão, de constituição de provisões para encargos ou riscos, e dos ajustes para atender a perdas prováveis na realização de elementos do ativo;

b) os investimentos em outras sociedades, quando relevantes (art. 247, parágrafo único);

c) o aumento de valor de elementos do ativo resultante de novas avaliações (art. 182, § 3º);

d) os ônus reais constituídos sobre elementos do ativo, as garantias prestadas a terceiros e outras responsabilidades eventuais ou contingentes;

e) a taxa de juros, as datas de vencimento e as garantias das obrigações a longo prazo;

f) o número, espécies e classes das ações do capital social;

g) as opções de compra de ações outorgadas e exercidas no exercício;

h) os ajustes de exercícios anteriores (art. 186, § 1º); e

i) os eventos subsequentes à data de encerramento do exercício que tenham, ou possam vir a ter, efeito relevante sobre a situação financeira e os resultados futuros da companhia.

As NEs complementam as demonstrações e, como o próprio nome diz, evidenciam as explicações de mudanças de critérios contábeis, sempre que estes se fizerem necessários, tais como mudança de critérios de avaliações dos ativos ou outros quaisquer.

6.7 Tributação das empresas

O sistema tributário nacional congrega um conjunto de leis e regulamentações que o tornam muito complexo. Assim, faz-se necessário tentarmos resumi-lo. Nosso objetivo é deixar bem definidas as esferas nas quais as empresas estão sujeitas a efetuar o pagamento de tributos e contribuições.

Primeiramente, é importante destacarmos que a tributação das empresas pode ser divida ou classificada em: **tributação sobre faturamento, tributação sobre lucro, tributação de obrigações sociais**. Outra característica da tributação é a **competência tributária**, que é dividida em: federal, estadual e municipal. Nosso objetivo neste capítulo será conhecer as características da tributação sobre o lucro, considerando que já verificamos a regra geral da tributação sobre o faturamento no Capítulo 5.

A tributação sobre faturamento envolve os seguintes tributos e contribuições:

- ICMS – Imposto sobre Circulação de Mercadorias e Serviços (competência estadual);
- IPI – Imposto sobre Produtos Industrializados (competência federal);
- II – Imposto sobre Importação (competência federal);
- IE – Imposto sobre Exportação (competência federal);
- ISS – Imposto sobre Serviços de Qualquer Natureza (competência municipal);
- Cofins – Contribuição para o Financiamento da Seguridade Social (competência federal);
- PIS sobre faturamento – Programa de Integração Social (competência federal).

A tributação sobre lucro, por sua vez, envolve os tributos e as contribuições apresentados a seguir:

- IRPJ – Imposto de Renda – Pessoa Jurídica (competência federal);
- CSLL – Contribuição Social sobre o Lucro Líquido (competência federal).

A tributação de obrigações sociais envolve os seguintes tributos e contribuições:

- CPP – Contribuição Patronal Previdenciária para a Seguridade Social – a cargo da pessoa jurídica (competência federal);
- Contribuição para a Manutenção da Seguridade Social – a cargo do trabalhador (competência federal);
- Contribuição para a Manutenção da Seguridade Social de Contribuinte Individual – a cargo do empresário (competência federal);
- FGTS[8] – Contribuição para o Fundo de Garantia do Tempo de Serviço (competência federal).

Ainda existem outros tributos que a empresa paga, considerando as suas transações financeiras ou patrimônio, tais como:

- IOF – Imposto sobre Operações de Crédito, Câmbio e Seguro, ou Relativas a Títulos ou Valores Mobiliários (competência federal);
- ITR – Imposto sobre a Propriedade Territorial Rural (competência federal);

[8] Apesar de não ser tributo, o FGTS se caracteriza como obrigação para empresa. O FGTS não se destina ao governo, mas, sim, ao trabalhador. Porém, funciona como depositário do valor.

- IPTU – Imposto sobre a Propriedade Territorial Urbana (competência municipal);

- IPVA – Imposto sobre a Propriedade de Veículos Automotores (competência estadual).

A Constituição Federal de 1988 define a competência de tributação de cada imposto nos arts. 153, 155 e 156 (Brasil, 1988).

6.7.1 Tributação federal

Segundo o Decreto nº 3.000, de 26 de março de 1999 (Brasil, 1999), a empresa pode fazer a opção em relação a tributação federal, condicionada a alguns fatores, entre os quais podemos destacar o ramo de atividade e o faturamento anual. A Lei Complementar nº 123, de 14 de dezembro de 2006 (LC nº 123/2006 – Brasil, 2006), que instituiu o Estatuto Nacional da Microempresa e da Empresa de Pequeno Porte, é a legislação que trata do estabelecimento de normas gerais relativas ao tratamento diferenciado e favorecido a ser utilizado pelas microempresas e pelas empresas de pequeno porte no âmbito da União, dos estados, do Distrito Federal e dos municípios. Essa lei cria o "Regime Especial Unificado de Arrecadação de Tributos e Contribuições devidos pelas Microempresas e Empresas de Pequeno Porte – Simples Nacional".

O enquadramento na forma de tributação afeta o montante a ser pago no tocante a tributos e contribuições, portanto é necessário que conheçamos os tipos de tributação para que possamos avaliar qual é o mais econômico para a empresa.

As organizações podem ser enquadradas, na esfera federal, em quatro tipos distintos de formas de tributação: **Simples Nacional, lucro real, lucro presumido** e **lucro arbitrado**[9]. Veja cada um deles detalhadamente a seguir.

6.7.1.1 Simples Nacional

Esse tratamento diferenciado atinge principalmente os item relativos à tributação. Vejamos os incisos I e II do art. 1º da LC nº 123/2006, que tratam dessa tributação:

Art. 1º Esta Lei Complementar estabelece normas gerais relativas ao tratamento diferenciado e favorecido a ser dispensado às microempresas e empresas de pequeno porte no âmbito dos Poderes da União, dos Estados, do Distrito Federal e dos Municípios, especialmente no que se refere:

9 O lucro arbitrado não é opcional. Trata-se de uma imposição da fiscalização, quando a empresa está com sua contabilidade irregular. É uma espécie de punição fiscal.

I - à apuração e recolhimento dos impostos e contribuições da União, dos Estados, do Distrito Federal e dos Municípios, mediante regime único de arrecadação, inclusive obrigações acessórias;

II - ao cumprimento de obrigações trabalhistas e previdenciárias, inclusive obrigações acessórias;

[...]

Portanto, a LC nº 123/2006 revogou a Lei nº 9.317, de 5 de dezembro de 1996 (Brasil, 1996), que tratava do Simples Federal. A partir da referida lei complementar, são definidas as condições para o enquadramento das microempresas e empresas de pequeno porte nesse sistema de tributação. Essa legislação simplificou a apuração dos impostos e das contribuições das empresas, mas não as desobrigou de continuarem atentas a outras variáveis que podem ser mensuradas pela escrituração contábil.

A lei define o conceito de microempresa e empresa de pequeno porte para fins de enquadramento nesse sistema de tributação, de acordo com o art. 3º da LC nº 123/2006:

Art. 3º Para os efeitos desta Lei Complementar, consideram-se microempresas ou empresas de pequeno porte a sociedade empresária, a sociedade simples e o empresário a que se refere o art. 966 da Lei nº 10.406, de 10 de janeiro de 2002, devidamente registrados no Registro de Empresas Mercantis ou no Registro Civil de Pessoas Jurídicas, conforme o caso, desde que:

I – no caso das microempresas, o empresário, a pessoa jurídica, ou a ela equiparada, aufira, em cada ano-calendário, receita bruta igual ou inferior a R$ 240.000,00 (duzentos e quarenta mil reais);

II – no caso das empresas de pequeno porte, o empresário, a pessoa jurídica, ou a ela equiparada, aufira, em cada ano-calendário, receita bruta superior a R$ 240.000,00 (duzentos e quarenta mil reais) e igual ou inferior a R$ 2.400.000,00 (dois milhões e quatrocentos mil reais).

Portanto, temos definidas as faixas de faturamento para enquadramento de microempresa e para empresa de pequeno porte:

Tabela 6.1 – Faixas de faturamento para enquadramento de microempresa e empresa de pequeno porte

	Microempresa (ME)	Empresa de pequeno porte (EPP)
Faturamento anual	Até R$ 240.000,00	De 240.000,01 até 2.400.000,00

A lei também define que, além do faturamento, existem regras complementares para o enquadramento no Simples Nacional. Essas regras estão descritas no parágrafo 4º do art. 3º da LC nº 123/2006, a saber:

[...]

§ 4º Não poderá se beneficiar do tratamento jurídico diferenciado previsto nesta Lei Complementar, incluído o regime de que trata o art. 12 desta Lei Complementar, para nenhum efeito legal, a pessoa jurídica:

I – de cujo capital participe outra pessoa jurídica;

II – que seja filial, sucursal, agência ou representação, no País, de pessoa jurídica com sede no exterior;

III – de cujo capital participe pessoa física que seja inscrita como empresário ou seja sócia de outra empresa que receba tratamento jurídico diferenciado nos termos desta Lei Complementar, desde que a receita bruta global ultrapasse o limite de que trata o inciso II do caput deste artigo;

IV – cujo titular ou sócio participe com mais de 10% (dez por cento) do capital de outra empresa não beneficiada por esta Lei Complementar, desde que a receita bruta global ultrapasse o limite de que trata o inciso II do caput deste artigo;

V – cujo sócio ou titular seja administrador ou equiparado de outra pessoa jurídica com fins lucrativos, desde que a receita bruta global ultrapasse o limite de que trata o inciso II do caput deste artigo;

VI – constituída sob a forma de cooperativas, salvo as de consumo;

VII – que participe do capital de outra pessoa jurídica;

VIII – que exerça atividade de banco comercial, de investimentos e de desenvolvimento, de caixa econômica, de sociedade de crédito, financiamento e investimento ou de crédito imobiliário, de corretora ou de distribuidora de títulos, valores mobiliários e câmbio, de empresa de arrendamento mercantil, de seguros privados e de capitalização ou de previdência complementar;

IX – resultante ou remanescente de cisão ou qualquer outra forma de desmembramento de pessoa jurídica que tenha ocorrido em um dos 5 (cinco) anos-calendário anteriores;

X – constituída sob a forma de sociedade por ações.

O descrito anteriormente define 10 condições de impossibilidade de enquadramento no Simples Nacional. Os anexos da LC nº 123/2006 apresentam detalhadamente as alíquotas de pagamento desse imposto por faixa de faturamento e por enquadramento de atividades das empresas. Esse tipo de tributação afeta a das outras esferas de governo, pois unifica os tributos e as contribuições das três esferas.

6.7.1.2 Lucro presumido

Enquadram-se nesse tipo de tributação as empresas que não estão obrigadas ao lucro real. Também é considerada uma forma de tributação simplificada do IRPJ, regulamentada nos termos do arts. 516 a 528 do Decreto nº 3.000/1999, pois se baseia em presunções de lucro.

No regime do lucro presumido, a apuração do IR e da CSLL é feita trimestralmente, por períodos encerrados em 31 de março, 30 de junho, 30 de setembro e 31 de dezembro ou, quando for o caso, por ocasião de incorporação, fusão, cisão ou encerramento de atividades da pessoa jurídica.

A opção pela tributação com base no lucro presumido é manifestada por ocasião do pagamento da primeira quota ou da quota única do imposto devido no primeiro trimestre do ano-calendário, vencível no último dia útil de abril.

A empresa enquadrada nessa forma de tributação fará o recolhimento das contribuições sobre faturamento federais com base no princípio da cumulatividade. Esse tipo de tributação não afeta a das outras esferas de governo.

Nessa forma de tributação, o contribuinte faz o pagamento dos tributos levando em consideração a criação de uma base de cálculo que é chamada de *lucro presumido* e determinada mediante a aplicação de percentuais de presunção. De acordo com os arts. 518 e 521 do Decreto nº 3.000/1999, os percentuais são os seguintes (Brasil, 1999):

Tabela 6.2 – Percentuais para cálculo do IRPJ de acordo com o Decreto nº 3.000/1999 – IRPJ

Base de cálculo para IRPJ[1] (lucro presumido)	Percentual	Alíquota	Alíquota do Adicional de IRPJ[2]
Receita bruta com vendas	8%		
Receita com prestação de serviços em geral	32%	15%	10%
Ganhos de capital e demais receitas	100%		

Nota: (1) A base de cálculo para o IRPJ, denominada de *lucro presumido*, será diferenciada para alguns ramos de atividade. Para verificação, consulte o art. 519 do Decreto nº 3.000/1999.

Nota: (2) O adicional do IRPJ é calculado sobre a parcela de lucro presumido que ultrapassar o montante de R$ 20.000,00 (vinte mil reais) mensais, no caso de apuração trimestral sobre a parcela de lucro presumido que ultrapassar o montante de R$ 60.000,00 (sessenta mil reais).

Fonte: Baseado em Brasil, 1999.

Tabela 6.3 – Percentuais para cálculo de acordo com
o Decreto nº 3.000/1999 – CSLL

Base de cálculo para CSLL	Percentual	Alíquota
Receita bruta com vendas	12%	
Receita com prestação de serviços	32%	9%
Ganhos de capital e demais receitas	100%	

Fonte: Baseado em Brasil, 1999.

Tabela 6.4 – Percentuais para cálculo do PIS de acordo com
o Decreto nº 3.000/1999 – PIS

Base de cálculo para PIS s/faturamento	Percentual	Alíquota
Receita bruta com vendas	100%	
Receita com prestação de serviços	100%	0,65%
Ganhos de capital e demais receitas	100%	

Fonte: Baseado em Brasil, 1999.

Tabela 6.5 – Percentuais para cálculo do Cofins de acordo com
o Decreto nº 3.000/1999 – Cofins

Base de cálculo para Cofins	Percentual	Alíquota
Receita bruta com vendas	100%	
Receita com prestação de serviços	100%	3%
Ganhos de capital e demais receitas	100%	

Fonte: Baseado em Brasil, 1999.

O faturamento máximo para enquadramento no lucro presumido, de acordo com o Decreto nº 3000/1999, é de até R$ 24.000.000,00 (vinte e quatro milhões de reais), além das exigências inerentes ao ramo de atividade da empresa.

6.7.1.3 Lucro real

Essa tributação[10] trata de um regime que tem por finalidade funcionar como uma espécie de regra geral, pois todas as empresas, sem exceção, podem tributar por esse método, que pode ser trimestral ou anual. Ao optar pela **apuração anual**, o contribuinte estará obrigado ao pagamento do IR e da CSLL de forma mensal, o qual é calculado em base estimada (presunção do lucro sobre a receita mensal)[10], sendo-lhe facultada a redução ou a suspensão desse pagamento por meio da apuração real do lucro por balancete de verificação.

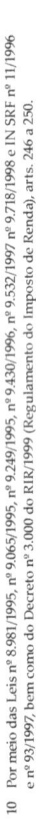

10 Por meio das Leis nº 8.981/1995, nº 9.065/1995, nº 9.249/1995, nº 9.430/1996, nº 9.532/1997 nº 9.718/1998 e IN SRF nº 11/1996 e nº 93/1997, bem como do Decreto nº 3.000 do RIR/1999 (Regulamento do Imposto de Renda), arts. 246 a 250.

Ao optar pelo **recolhimento trimestral** dos impostos e das contribuições pelo lucro real, o contribuinte deve efetuar a apuração oficial dos resultados por meio da demonstração do resultado do exercício, levando em consideração todas as despesas dedutíveis e as receitas tributáveis, devendo utilizar as adições e as exclusões que estiverem registradas no Livro de Apuração do Lucro Real (Lalur).

Essa forma de tributação também causa efeito sobre as contribuições sociais sobre o faturamento, como o PIS sobre faturamento, que terá a sua alíquota alterada para o percentual de 1,65%, e a Cofins, que terá sua alíquota alterada para o percentual de 7,6%. A tributação pelo lucro real também modifica o processo de apuração dessas contribuições em relação ao lucro presumido, pois confere características de não cumulatividade a elas, ou seja, a compra de mercadorias gera crédito das referidas contribuições, conforme suas alíquotas de venda.

Esse tipo de tributação também não afeta a tributação das outras esferas de governo. Nesse tipo de tributação, a escrituração comercial não é dispensada para nenhum efeito.

Veja a seguir a tabela com as alíquotas dos tributos e das contribuições com base no lucro real.

Tabela 6.6 – Alíquotas dos tributos e contribuições com base no lucro real

Tributo/Contribuição	Alíquota aplicável
IRPJ	15%
Adicional IRPJ[3]	10%
CSLL	9%
Cofins	7,6%
PIS s/faturamento	1,65%

Nota: (3) Antecipação do imposto.

Entendido o lucro real, passemos a abordar o lucro arbitrado.

6.7.1.4 Lucro arbitrado[11]

Podemos definir esse tipo de tributação como uma forma de apuração da base de cálculo do Imposto de Renda utilizada pela autoridade tributária ou pelo contribuinte. É aplicável pela autoridade tributária quando a pessoa jurídica deixar de cumprir as obrigações acessórias relativas à

11 Encontra-se regulamentado no Decreto nº 3.000/1999, a partir do art. 529, e na IN SRF nº 93/1997, devendo obedecer às Leis nº 8.981/1995, com as alterações introduzidas pelas Leis nº 9.065/1995, art. 1º, nº 9.249/1995, arts. 2º e 3º, e nº 9.430/1996, arts. 1º, 4º, 27 e 51 a 54.

determinação do lucro real ou presumido, conforme o caso, ou como alternativa de tributação do próprio contribuinte. Quando conhecida a receita bruta e desde que observada qualquer das hipóteses de arbitramento prevista na legislação fiscal, o contribuinte pode efetuar o pagamento do Imposto de Renda correspondente com base nas regras do lucro arbitrado.

6.7.2 Tributação estadual

A competência de tributar delega aos estados alguns tributos que são cobrados dos contribuintes que desenvolvem atividades vinculadas ao seu território estadual. Tal delegação está pautada no art. 155 da Constituição Federal de 1988 (Brasil, 1988, grifo nosso):

> Art. 155 Compete aos Estados e ao Distrito Federal instituir impostos sobre:
> I – transmissão *causa mortis* e doação de quaisquer bens ou direitos;
> **II – operações relativas à circulação de mercadorias e sobre prestações de serviços de transporte interestadual e intermunicipal e de comunicação, ainda que as operações e as prestações se iniciem no exterior;**
> III – propriedade de veículos automotores.

O principal tributo que será cobrado diretamente das empresas em relação às suas atividades mercantis é o ICMS. Esse tributo tem características que variam de estado para estado devido à sua competência estadual. O imposto também pode variar se for levado em consideração o tipo de produto/mercadoria comercializado.

Os estados, por terem competência tributária para legislar sobre os tributos sobre sua responsabilidade, podem consequentemente instituir regimes especiais de tributação com o objetivo de facilitar a condição da tributação das empresas, seja pela simplificação da fiscalização, seja pela redução da carga tributária estadual. É claro que esses regimes especiais de tributação não favorecem exclusivamente o contribuinte – eles são criados também para atender às necessidades dos governos, pois, por meio daqueles, intensifica-se a tributação, posto que as organizações com carga tributária menor acabam pagando os seus tributos, evitando-se, assim, um processo de evasão fiscal. Devemos lembrar que quanto maior o número de contribuintes, maior serão os valores arrecadados pelo governo, gerando, desse modo, maior desenvolvimento social de cada estado.

Tendo em vista as características da competência tributária estadual, não iremos abordá-la com maior profundidade. Contudo, cabe ressaltar que se faz necessário que o empresário, ao iniciar seu empreendimento, tome conhecimento das características do imposto que afetará sua tributação.

6.7.3 Tributação municipal

A competência de tributar delega aos municípios alguns tributos que são cobrados dos contribuintes que desenvolvem atividades vinculadas ao seu território municipal. Tal delegação está pautada no art. 156 da Constituição Federal de 1988:

> Art. 156 Compete aos Municípios instituir impostos sobre:
> I – propriedade predial e territorial urbana;
> II – transmissão "inter vivos", a qualquer título, por ato oneroso, de bens imóveis, por natureza ou acessão física, e de direitos reais sobre imóveis, exceto os de garantia, bem como cessão de direitos a sua aquisição;
> **III – serviços de qualquer natureza, não compreendidos no Art. 155, II, definidos em lei complementar.** (grifo nosso).

Portanto, o principal tributo que será cobrado diretamente das empresas devido às suas atividades de prestação de serviços é o ISS. Esse tributo tem características que variam de município para município em função de sua competência ser municipal. Por conseguinte, os municípios também têm autonomia para instituírem regimes especiais de tributação, favorecendo seus contribuintes e evitando a evasão tributária que poderia ocorrer. Sendo assim, não abordaremos essa forma de tributação mais profundamente. Contudo, cabe ressaltar que se faz necessário que o empresário, ao iniciar seu empreendimento, tome conhecimento dos tributos aplicados pelo seu município.

6.8 Etapas para o levantamento das demonstrações contábeis

As demonstrações contábeis devem seguir alguns procedimentos padronizados para que sejam confeccionadas. Essa padronização do sistema contábil é bastante interessante, pois, se o contabilista a seguir, conseguirá rapidamente estruturar todas as demonstrações contábeis sem deixar de lado nenhum detalhe que possa comprometer a veracidade e a fidedignidade dos valores apresentados. Nelas estão relacionados os passos que o contabilista deve percorrer para levantar as demonstrações desde o início de cada período.

- **1ª Etapa** – lançamento dos fatos administrativos: Nesta etapa, o contabilista deve escriturar todos os fatos administrativos nos livros contábeis: diário e razão[12].

- **2ª Etapa** – lançamento das apropriações (ajuste de contas): Nesta etapa, o contabilista deve fazer todas as apropriações pertinentes às contas de resultado, reconhecendo as despesas e as receitas segundo o regime de competência.

- **3ª Etapa** – levantamento do balancete de verificação: Partindo dos saldos registrados no livro-razão ou nos razonetes, o contabilista deve levantar o balancete para verificação da exatidão dos saldos registrados[13]. Caso haja alguma discrepância nos saldos, o contabilista deve proceder à correção.

- **4ª Etapa** – apuração do resultado: Com base no encerramento das contas de despesas e receitas, é levantado o resultado do período, apurando-se o lucro ou o prejuízo do exercício, que irá compor o balanço patrimonial. As contas encerradas têm os valores transferidos para a DRE, na qual é apurado o resultado do período em questão. Na apuração, no caso de haver lucro, deverá ser calculado o IRPJ e a CSLL. Essa etapa constitui-se no levantamento da primeira demonstração contábil exigida por lei.

- **5ª Etapa** – levantamento do balanço patrimonial: Após a apuração do resultado e sua respectiva transferência para o grupo do patrimônio líquido, mais especificamente para a conta Lucros ou Prejuízos Acumulados, deve ser iniciado o transporte dos saldos das contas patrimoniais para o demonstrativo. Nesse momento, o contabilista obtém o balanço patrimonial.

- **6ª Etapa** – levantamento das demais demonstrações contábeis: Após o levantamento do balanço patrimonial, é possível elaborar os demais demonstrativos exigidos por lei, tendo em vista que estes são elaborados levando em consideração os valores já apurados no balanço patrimonial.

Depois de estruturarmos o processo de elaboração das demonstrações contábeis, vamos apresentar uma atividade em que os conhecimentos discutidos até o momento serão cobrados. Ao final da atividade, todas as demonstrações contábeis deverão ter sido apresentadas.

---

12 Se for uma atividade de ensino-aprendizagem em que se esteja utilizando o razonete, o contabilista deverá lançar todos os fatos administrativos em razonetes.

13 O contabilista mais experiente poderá dispensar essa etapa.

A empresa Libras S.A. apresentou o seguinte balanço patrimonial:

Libras S.A.
CNPJ 00.001.002/0001-10
Balanço Patrimonial
Levantado em 31 de dezembro de 20_1

em Reais

Ativo		Passivo	
Ativo circulante	**632.400,00**	**Passivo circulante**	**377.400,00**
Caixa	259.200,00	Fornecedores	287.600,00
Banco conta Movimento	266.200,00	Empréstimos a pagar	21.000,00
Clientes	72.000,00	Salários a pagar	35.000,00
Mercadorias	35.000,00	INSS a pagar	5.000,00
Ativo não circulante	**630.000,00**	PIS a pagar	6.800,00
Imobilizado	**630.000,00**	Cofins a pagar	18.000,00
Imóveis	**600.000,00**	ICMS a recolher	4.000,00
Veículos	22.000,00	**Passivo não circulante**	**350.000,00**
Móveis e utensílios	8.000,00	Financ. a pagar a LP	350.000,00
(–) Deprec. acum. imóveis	(240.000,00)	**Patrimônio líquido**	**284.600,00**
(–) Deprec. acum. veículos	(8.800,00)	Capital social	350.000,00
(–) Deprec. acum. móv./ut.	(1.600,00)	Lucros/prej. acumulados	(65.400,00)
Total ativo	**1.012.000,00**	**Total passivo**	**1.012.000,00**

Ocorreram os seguintes fatos em janeiro de 2002:

a) 02/01 – compra de mercadorias: R$ 80.000,00 à vista e R$ 40.000,00 a prazo – ICMS 18%;

b) 06/01 – pagamento de empréstimos com cheque: R$ 18.000,00;

c) 06/01 – pagamento total de salários com cheque;

d) 10/01 – pagamento total da Cofins e do PIS com cheque;

e) 10/01 – venda de mercadorias: R$ 80.000,00 à vista e R$ 20.000,00 a prazo – ICMS 18%;

f) 15/01 – recebimento de clientes: R$ 22.000,00 via banco;

g) 25/01 – pagamento de financiamento a longo prazo: R$ 100.000,00;

h) 26/01 – venda de mercadorias: R$ 80.000,00 à vista – ICMS 18%;

i) 26/01 – compra de um terreno no valor de R$ 100.000,00 para pagamento em 36 parcelas;

j) 27/01 – venda de imóveis: R$ 171.000,00 (imóvel R$ 190.000,00 (–) depreciação R$ 19.000,00) – a transação foi realizada via banco;

k) 28/01 – pagamento a fornecedores: R$ 80.000,00 com cheque;

l) 30/01 – depreciação do período: imóveis 4% ao ano, veículos 20% ao ano, móveis e utensílios 10% ao ano. Observação: calcular sobre os saldos das contas.

Informações:

- Estoque final: R$ 21.200,00 conforme inventário realizado em 31/01/2002.
- A empresa possui o seu capital estruturado em 250.000 ações.

Pedimos que:

1) efetue os lançamentos anteriormente expostos nos razonetes;

2) elabore o balancete de verificação;

3) elabore a DRE do período;

4) elabore a DLPA, calculando a reserva legal, a reserva estatutária (9% LL) e os dividendos obrigatórios (30% saldo ajustado na DLPA);

5) levante o balanço patrimonial em 31/01/2002, de acordo com a Lei nº 6.404/1976;

6) elabore a DFC;

7) elabore a DVA.

Resolução da atividade:

Razonetes do **ativo**

	Caixa				Bancos c/Movimento				Mercadorias	
	259.200,00	80.000,00	(a)		266.200,00	18.000,00	(b)		35.000,00	101.100,00
(e)	80.000,00	100.000,00	(g)	(f)	22.000,00	35.000,00	(c) (a)		87.300,00	
(h)	80.000,00			(j)	171.000,00	24.800,00	(d)			
						80.000,00	(k)		21.200,00	
	239.200,00				301.400,00					

	Clientes				Cofins conta gráfica			PIS conta gráfica	
	72.000,00	22.000,00	(f)		9.120,00	7.600,00		1.980,00	1.650,00
(e)	20.000,00					6.080,00			1.320,00
					4.560,00			990,00	
	70.000,00								

Imóveis			Veículos		Móveis e utensílios	
600.000,00	190.000,00	(j)	22.000,00		8.000,00	
410.000,00			22.000,00		8.000,00	

	Deprec. acum. de imóveis		Deprec. acum. de veículos		Deprec. acum. M/U	
(j)	19.000,00	240.000,00		8.800,00		1.600,00
		1.366,67 (l)		366,67 (l)		66,67 (l)
		222.366,67		9.166,67		1.666,67

	ICMS conta gráfica			Terrenos	
(a)	21.600,00	18.000,00 (h)	(i)	100.000,00	
		14.400,00 (e)			
	10.800,00			100.000,00	

Razonetes do **passivo**

	Fornecedores			Empréstimos a pagar		INSS a pagar	
(k)	80.000,00	287.600,00	(b)	18.000,00	21.000,00		5.000,00
		40.000,00 (a)			3.000,00		5.000,00
		247.600,00					

	Salários a pagar			Cofins a pagar		ICMS a recolher	
(c)	35.000,00	35.000,00	(d)	18.000,00	18.000,00		4.000,00
					4.560,00		10.800,00
					4.560,00		14.800,00

	Financ. a pagar LP			Capital social		LPA	
(g)	100.000,00	350.000,00			350.000,00	65.400,00	20.512,99
						1.025,65	
		250.000,00			350.000,00	1.846,17	
						47.758,83	

	PIS a pagar		Financ. a pagar		Financ. imóveis a pagar LP	
(d)	6.800,00	6.800,00		66.666,67		33.333,33
		990,00				
				66.666,67		33.333,33
		990,00				

Razonetes de resultado

Receita c/vendas				ICMS s/vendas			Cofins
	100.000,00	(e)	(e)	18.000,00		(e)	7.600,00
	80.000,00	(h)	(h)	14.400,00		(h)	6.080,00
	180.000,00			32.400,00			13.680,00

	Despesa c/depreciação	CMV		PIS s/faturamento
(l)	1.800,01	101.100,00	(e)	1.650,00
			(h)	1.320,00
	1.800,01	101.100,00		2.970,00

Libras S.A.
CNPJ 00.001.002/0001-10
Balancete de Verificação
Levantado em 31 de janeiro de 20_2

em Reais

Contas	Saldos	
	Devedor	Credor
Caixa	239.200,00	
Bancos c/Movimento	301.400,00	
Clientes	70.000,00	
Mercadorias	21.200,00	
Imóveis	410.000,00	
Terrenos	100.000,00	
Veículos	22.000,00	
Móveis e utensílios	8.000,00	
(–) Deprec. imóveis		222.366,67
(–) Deprec. veículos		9.166,67
(–) Deprec. móv./utens.		1.666,67
Fornecedores		247.600,00
Empréstimos a pagar		3.000,00
Salários a pagar		0,00
INSS a pagar		5.000,00

(continua)

PIS a pagar		990,00
Cofins a pagar		4.560,00
ICMS a recolher		14.800,00
Financ. imóveis a pagar		66.666,67
Financ. a pagar a LP		250.000,00
Financ. imóveis a pagar a LP		33.333,33
Capital social		350.000,00
Lucros/prej. acumulados	65.400,00	
Receita com vendas		180.000,00
ICMS sobre vendas	32.400,00	
Cofins	13.680,00	
PIS s/faturamento	2.970,00	
Custo da mercadoria vendida	101.100,00	
Despesas administrativas	1.800,01	
Totais	**1.389.150,01**	**1.389.150,01**

Libras S.A.
CNPJ 00.001.002/0001-10
Demonstração do Resultado do Exercício
De 01 de Janeiro de 20_2 a 31 de janeiro de 20_2

	em Reais
Receita bruta	R$ 180.000,00
Receita com vendas	R$ 180.000,00
(–) Deduções da receita	R$ (49.050,00)
ICMS	R$ (32.400,00)
PIS	R$ (13.680,00)
Cofins	R$ (2.970,00)
Devolução de vendas	
(=) Receita líquida	R$ 130.950,00
(–) Custo da mercadoria vendida	R$ (101.100,00)
CMV	R$ (101.100,00)
(=) Lucro operacional bruto	R$ 29.850,00
(–) Despesas operacionais	R$ (1.800,01)
administrativas	R$ (1.800,01)
(=) Lucro antes do IR	R$ 28.049,99
(–) Provisão para IRPJ	R$ (4.207,50)
(–) Adicional do IR	R$ (805,00)
(–) Provisão para cont. social	R$ (2.524,50)
(=) Lucro líquido do exercício	R$ 20.512,99

Libras S.A.
CNPJ 00.001.002/0001-10
Balanço Patrimonial
Levantado em 31 de janeiro de 20_2

	20_1	em Reais 20_2
Ativo		
Ativo circulante	632.400,00	631.800,00
Caixa	259.200,00	239.200,00
Bancos c/Movimento	266.200,00	301.400,00
Clientes	72.000,00	70.000,00
Mercadorias	35.000,00	21.200,00
Ativo não circulante	379.600,00	306.799,99
Imobilizado	379.600,00	306.799,99
Imóveis	600.000,00	410.000,00
Terrenos	0,00	100.000,00
Veículos	22.000,00	22.000,00
Móveis e utensílios	8.000,00	8.000,00
(–) Deprec. imóveis	(240.000,00)	(222.366,67)
(–) Deprec. veículos	(8.800,00)	(9.166,67)
(–) Deprec. móv./utens.	(1.600,00)	(1.666,67)
Total do ativo	**1.012.000,00**	**938.599,99**
Passivo		
Passivo circulante	377.400,00	350.153,67
Fornecedores	287.600,00	247.600,00
Empréstimos a pagar	21.000,00	3.000,00
Salários a pagar	35.000,00	0,00
INSS a pagar	5.000,00	5.000,00
PIS a pagar	6.800,00	990,00
Cofins a pagar	18.000,00	4.560,00
ICMS a recolher	4.000,00	14.800,00
IRPJ a pagar	0,00	4.207,50
Adicional de IR a pagar	0,00	805,00
CSL a pagar	0,00	2.524,50
Financ. imóveis a pagar	0,00	66.666,67
Passivo não circulante	350.000,00	283.333,33
Financ. a pagar a LP	350.000,00	250.000,00
Financ. imóveis a pagar a LP	0,00	33.333,33

(continua)

Patrimônio líquido	284.600,00	305.112,99
Capital social	350.000,00	350.000,00
Lucros/prej. acumulados	(65.400,00)	(47.758,83)
Reserva legal	0,00	1.025,65
Reserva estatutária	0,00	1.846,17
Total do passivo	**1.012.000,00**	**938.599,99**

Libras S.A.
CNPJ 00.001.002/0001-10
Demonstração dos Lucros ou Prejuízos
Levantado em 31 de janeiro de 2_02

		em Reais
1. Saldo no início do período		(65.400,00)
2. (+/–) Ajustes de exercícios anteriores		–
3. (=) Saldo ajustado		(65.400,00)
4. (+/–) Lucro ou prejuízo do exercício		20.512,99
5. (+) Reversão de reservas		–
6. (=) Saldo à disposição		(44.887,01)
7. (–) Destinações		(2.871,82)
Reserva legal	(1.025,65)	
Reserva estatutária	(1.846,17)	
Reserva especial	–	
Outras reservas	–	
Dividendos obrigatórios (R$ por ação)	–	
8. Saldo no fim do exercício		(47.758,83)

Libras S.A.
CNPJ 00.001.002/0001-10
Demonstração dos Fluxos de Caixa
Método direto
Levantado em 31 de janeiro de 20_2

	em Reais
Fluxo de caixa das atividades operacionais	
Recebimentos de clientes	182.000,00
Dividendos recebidos	0,00
Juros recebidos	0,00
Recebimentos por reembolso de seguros	0,00

(continua)

Recebimentos de lucros de subsidiárias	0,00
Pagamentos a fornecedores	(160.000,00)
Pagamentos de salários e encargos	(35.000,00)
Imposto e contribuições	(24.800,00)
Juros pagos	0,00
Outros recebimentos ou pagamentos líquidos	0,00
(=) Caixa líquido das atividades operacionais	**(37.800,00)**
Fluxo de caixa das atividades de financiamentos	
Integralização de capital	0,00
Juros recebidos de empréstimos	0,00
Empréstimos tomados	0,00
Aumento do capital social	0,00
Pagamento de *leasing* (principal)	0,00
Pagamentos de lucros e dividendos	0,00
Juros pagos por empréstimos	0,00
Pagamentos de empréstimos/debêntures	(118.000,00)
(=) Caixa líquido das atividades de financiamentos	**(118.000,00)**
Fluxo de caixa das atividades de investimentos	
Alienação de imobilizado	171.000,00
Alienação de investimentos	0,00
Aquisição de imobilizado	0,00
Aquisição de investimentos	0,00
(=) Caixa líquido das atividades de investimentos	**171.000,00**
Variação líquida de caixa e equivalentes de caixa	15.200,00
Saldo de caixa – inicial	525.400,00
Saldo de caixa – final	540.600,00
Aumento/(redução) líquido de caixa e equivalentes de caixa	15.200,00

Libras S.A.
CNPJ 00.001.002/0001-10
Demonstração dos Fluxos de Caixa
Método indireto
Levantado em 31 de janeiro de 20_2

em Reais

Fluxo de caixa das atividades operacionais	
Resultado líquido antes do IR e CSLL	28.049,99
(±) Ajustes que não representam entrada ou saída de caixa	0,00
(+) Depreciação e amortização	1.800,01
(+) Provisão para devedores duvidosos	0,00
(±) Resultado na venda do imobilizado	0,00
(±) Aumento ou diminuição do contas a receber	2.000,00
(±) Aumento ou diminuição de estoques	13.800,00
(±) Aumento ou diminuição de despesas antecipadas	0,00
(±) Aumento ou diminuição de passivos	(83.450,00)
(±) Aumento ou diminuição de outros ajustes	0,00
(=) Caixa líquido das atividades operacionais	**(37.800,00)**
Fluxo de caixa das atividades de financiamentos	
(+) Integralização de capital	0,00
(+) Juros recebidos de empréstimos	0,00
(+) Empréstimos tomados	0,00
(+) Aumento do capital social	0,00
(–) Pagamento de *leasing* (principal)	0,00
(–) Pagamentos de lucros e dividendos	0,00
(–) Juros pagos por empréstimos	0,00
(–) Pagamentos de empréstimos/debêntures	(118.000,00)
(=) Caixa líquido das atividades de financiamentos	**(118.000,00)**
Fluxo de caixa das atividades de investimentos	
(+) Alienação de imobilizado	171.000,00
(+) Alienação de investimentos	0,00

(continua)

(–) Aquisição de imobilizado	0,00
(–) Aquisição de investimentos	0,00
(=) **Caixa líquido das atividades de investimentos**	**171.000,00**
Variação líquida de caixa e equivalentes de caixa	15.200,00
Saldo de caixa – inicial	525.400,00
Saldo de caixa – final	540.600,00
Aumento/(redução) líquido de caixa e equivalentes de caixa	15.200,00

Libras S.A.
CNPJ 00.000.000/0001-00
Demonstração do Valor Adicionado
Levantado em 31 de Janeiro de 20_2

em Reais

	20_2
1 – Receitas	180.000,00
1.1) Vendas de mercadoria, produtos e serviços	180.000,00
1.2) Provisão p/devedores duvidosos – Reversão (constituição)	–
1.3) Não operacionais	–
2 – Insumos adquiridos de terceiros (inclui ICMS e IPI)	(101.100,00)
2.1) Matérias-primas consumidas	–
2.2) Custos das mercadorias e serviços vendidos	(101.100,00)
2.3) Materiais, energia, serviços de terceiros e outros	–
2.4) Perda/recuperação de valores ativos	–
3 – Valor adicionado bruto (1 – 2)	78.900,00
4 – Retenções	
4.1) Depreciação, amortização e exaustão	(1.800,01)
5 –Valor adicionado líquido produzido pela entidade (3 – 4)	77.099,99
6 – Valor adicionado recebido em transferência	
6.1) Resultado de equivalência patrimonial	–
6.2) Receitas financeiras	–
7 – Valor adicionado total a distribuir (5 + 6)	77.099,99

(continua)

8 – Distribuição do valor adicionado	77.099,99
8.1) Pessoal e encargos	–
8.2) Impostos, taxas e contribuições	56.587,00
8.3) Juros e aluguéis	–
8.4) Juros s/capital próprio e dividendos	–
8.5) Lucros retidos/prejuízo do exercício	20.512,99

Síntese

Este capítulo pode ser resumido nos conceitos a seguir.

- **Tipos de demonstrações contábeis:** Balanço patrimonial, demonstração do resultado do exercício, demonstração de lucros ou prejuízos acumulados, demonstração dos fluxos de caixa, demonstração do valor adicionado, notas explicativas.

- **Tributação:** Federal – Simples Nacional, lucro real, lucro presumido e lucro; arbitrado; estadual; municipal.

- **Etapas do levantamento das demonstrações contábeis:** 1ª – lançamento dos fatos administrativos; 2ª – lançamento das apropriações (ajuste das contas); 3ª – levantamento do balancete de verificação; 4ª – apuração do resultado; 5ª – levantamento do balanço patrimonial; 6ª – levantamento das demais demonstrações contábeis.

Questões para revisão

1. Tributação diferenciada aplicada em microempresas e empresas de pequeno porte:
   a) Lucro real.
   b) Lucro presumido.
   c) Lucro arbitrado.
   d) Simples Nacional.

2. Tributação que todas as empresas podem utilizar, na qual as contribuições Cofins e PIS sobre faturamento são calculadas da forma de não cumulatividade:
   a) Lucro real.
   b) Lucro presumido.

c) Lucro arbitrado.

d) Simples nacional.

3. Demonstração contábil que visa apresentar o resultado econômico de um exercício financeiro:

a) Balanço patrimonial.

b) Demonstração de lucros ou prejuízos acumulados.

c) Demonstração do resultado do exercício.

d) Demonstração dos fluxos de caixa.

4. Cite sucintamente as etapas para o levantamento das demonstrações contábeis.

5. Como pode ser classificada a tributação de uma empresa?

Introdução à análise das demonstrações contábeis

7

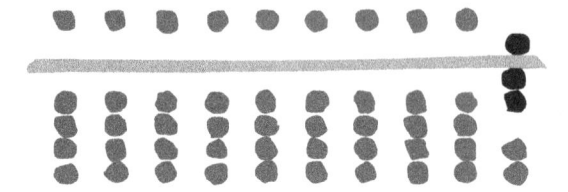

Conteúdos do capítulo:

- Análise de balanços;
- Padronização das demonstrações contábeis, visando à análise contábil;
- Análise vertical e sua interpretação;
- Análise horizontal e sua interpretação;
- Análise por quocientes e sua interpretação;
- Relatório de análise.

Após o estudo deste capítulo, você será capaz de:

- elaborar a padronização das demonstrações contábeis para análise;
- compreender e efetuar a análise vertical;
- compreender e efetuar a análise horizontal;
- compreender e efetuar a análise por quocientes;
- elaborar um relatório de análise.

A necessidade de analisar as demonstrações contábeis é tão antiga quanto a origem da contabilidade. O homem, aproximadamente desde 3000 a.c., já realizava os inventários a fim de anotar as variações quantitativas e qualitativas dos bens.

Em uma análise, podemos atingir vários graus até obtermos uma máxima decomposição dos elementos patrimoniais. Determinados esses elementos, podemos analisá-los sob diferentes aspectos. Os principais a serem analisados são o econômico e o financeiro. A **situação econômica** diz respeito à aplicação e ao rendimento do capital, e a situação financeira diz respeito à liquidez da empresa, ou seja, ao seu grau de solvência.

Segundo Iudícibus (1994, p. 86),

A análise de balanços deve ser entendida dentro de suas possibilidades e limitações. De um lado, mais aponta problemas a serem investigados do que indica soluções; de outro, desde que convenientemente utilizada, pode transformar--se num poderoso "painel de controle" da administração.

Portanto, analisar as demonstrações contábeis pressupõe a preparação de informações aproveitáveis para os usuários, sendo que cada um destes pode ter uma necessidade diferente.

Em uma análise, devemos ter o conhecimento completo das particularidades existentes na empresa[1] e dos relatórios financeiros a fim de podermos comparar os componentes e fornecer uma boa interpretação.

A contabilidade da empresa deve ser realizada conforme os princípios contábeis e de acordo com a legislação vigente, espelhando a realidade da empresa no tocante ao correto registro dos fatos administrativos ocorridos. Independentemente dessa condição, é muito importante que os relatórios contábeis sejam verificados pela auditoria externa. Caso isso não seja possível, é necessário pelo menos que os relatórios tenham passado por exame rigoroso da auditoria interna.

Outra condição profundamente relevante é que a análise deve ser realizada sempre utilizando dois ou mais exercícios financeiros, tendo em vista que a análise de um único exercício isolado não surtirá o efeito desejado.

Na análise, a comparação e a interpretação, como veremos a seguir, não se aplicam somente aos componentes do conjunto patrimonial, em seu aspecto estático, mas também aos fenômenos que contribuem para o resultado econômico, positivo (lucro) ou negativo (prejuízo), caracterizado pelo aspecto dinâmico patrimonial.

A análise de balanço pode ser feita por quocientes ou por coeficientes. Uma vez que nosso objetivo é apresentar uma introdução à análise das demonstrações contábeis, abordaremos os tópicos mais relevantes nesse processo.

7.1 Padronização das demonstrações contábeis para análise

A preparação das demonstrações contábeis deve levar em consideração as necessidades que os usuários das informações têm, ou seja, as demonstrações devem ser preparadas para fornecer informações a fim de auxiliá-los no processo de tomada de decisões. Em um primeiro momento, o analista deve conhecer cada elemento relacionado nas demonstrações contábeis da empresa a ser analisada, com o objetivo de melhor compreender o processo de formação do patrimônio empresarial. Segundo Ribeiro (1997, p. 126), "a análise minuciosa de cada conta proporciona ao analista o conhecimento de detalhes que serão de grande valia no momento da interpretação dos dados nos diferentes processos de análise (quocientes, vertical/horizontal etc.)".

[1] Ramo de atividade, padrão de mercado, com base em outras empresas do ramo etc.

Após esse estudo pormenorizado das contas que compõem o conjunto a ser analisado, o analista pode padronizar as demonstrações contábeis, com a finalidade de facilitar o processo de análise e de colaborar para que os dados analisados representem, de uma maneira mais visível, a separação dos bens, dos direitos e das obrigações da empresa.

Um primeiro passo na padronização das demonstrações para análise é a **sintetização de valores**, ou seja, o agrupamento dos itens do patrimônio que representem um mesmo tipo de bem, direito ou obrigação. Isso se justifica porque muitas vezes o número de contas de um mesmo grupo pode tornar a análise muito mais extensa, porém sem efetividade.

Outro aspecto importante na padronização é a **reclassificação** de algumas contas que, segundo a legislação, pertencem a um grupo patrimonial, mas representam outro grupo, como é o caso da conta **Duplicatas Descontadas**, que, embora pertença ao grupo do ativo, no qual se apresenta como retificadora, na prática representa uma obrigação, devendo, portanto, ser classificada no passivo.

Outro tipo de reclassificação pode ser feito com base no estudo e no conhecimento (que já foram destacados como importantes) das contas que integram as demonstrações. Trata-se do tipo proporcionado por erro de contabilização por parte do responsável da escrituração[2].

É recomendável que as demonstrações financeiras sejam traduzidas para uma moeda de poder aquisitivo constante, a fim de que os efeitos de uma possível correção monetária[3] sejam suprimidos.

A padronização das demonstrações contábeis varia de acordo com as necessidades de cada grupo de usuários. Portanto, além das padronizações citadas anteriormente, podem haver outras[4].

7.2 Análise vertical

Podemos dizer que é aquela por meio da qual comparamos cada um dos componentes de um grupo de contas em relação ao total deste, evidenciando a porcentagem de participação de cada conta em relação ao total do grupo, ou seja, elaboramos uma comparação dos elementos patrimoniais e de resultado, utilizando os dados de um único exercício social.

Esse tipo de análise é importante para avaliarmos a qualidade da estrutura das contas que compõem o balanço patrimonial. Serve também para acompanhar as contas do resultado econômico, além de ser empregado

2 Quando as demonstrações contábeis passam pelo processo de auditoria, provavelmente não ocorrem erros dessa natureza. Porém, a auditoria não é obrigatória para todas as empresas.

3 A legalização da correção monetária de balanços foi revogada no Brasil desde 1º de janeiro de 1996, devido ao surgimento do Real (moeda), em julho de 2004.

4 Recomendamos uma leitura complementar de obras que tratem exclusivamente da análise das demonstrações contábeis.

como base para elaborar a proposta orçamentária da empresa, bem como para viabilizar sua execução.

A **análise vertical** é denominada por alguns analistas de *análise por coeficientes*. O importante é usarmos a análise vertical, juntamente com a análise horizontal, para termos subsídios para uma boa interpretação. Lembramos que é importante que sejam analisados sempre mais de um exercício social. Vejamos a seguir como é o processo de cálculo:

> **Valor total da conta ÷ valor total do grupo × 100**
> **= percentual de representatividade**
>
> **2.000,00 ÷ 30.000,00 × 100 =**
> **7% (caixa em comparação com o ativo circulante) ou**
>
> **2.000,00 ÷ 70.000,00 × 100 =**
> **3% (caixa em comparação com o total do ativo)**

A seguir, verificaremos um balanço patrimonial e uma demonstração do resultado do exercício com todos os cálculos da análise vertical já realizados.

Empresa Modelo S.A.
CNPJ 00.000.000/0002-01
Balanço Patrimonial (em Reais)
Levantado em 31 de dezembro de 20_0

em Reais

Ativo				Passivo			
Ativo circulante	30.000,00	43%		**Passivo circulante**	35.000,00	50%	
Caixa	2.000,00	3%	7%	Fornecedores	22.000,00	31%	63%
Clientes	8.000,00	11%	27%	Contas a pagar	13.000,00	19%	37%
Estoques	20.000,00	29%	67%	**Passivo não circulante**	10.000,00	14%	
Ativo não circulante	40.000,00	57%		Empréstimos a pagar a	10.000,00		
Imobilizado	40.000,00	57%	33%	longo prazo (LP)	25.000,00	36%	
Comput. perif.	13.000,00	19%	7%	**Patrimônio líquido**	20.000,00	29%	80%
Móveis e utens.	3.000,00	4%	60%	Capital social	5.000,00	7%	20%
Máq. e equip.	24.000,00	34%		LPA			
Total do ativo			70.000,00	**Total do passivo**			70.000,00

Empresa Modelo S.A.

CNPJ 00.000.000/0002-01

Demonstração do Resultado do Exercício

De 1º de Janeiro de 200 a 31 de dezembro de 20_0

	em Reais	
Receita operacional bruta	110.000,00	100%
(–) Deduções e abatimentos	(10.000,00)	-9%
(=) Receita líquida de vendas	100.000,00	91%
(–) Custo das mercadorias vendidas	(40.000,00)	-36%
(=) Lucro bruto	60.000,00	55%
Despesas operacionais	(15.000,00)	-14%
Lucro operacional	45.000,00	41%
Provisões	(7.000,00)	-6%
Lucro líquido do exercício	38.000,00	35%

Podemos notar, no caso do **balanço patrimonial**, que para cada conta é calculado o percentual de participação em relação ao total do ativo e do passivo. Também é calculado o percentual de participação em relação ao grupo ao qual pertence no ativo ou passivo.

Na demonstração do resultado do exercício, os percentuais de participação são calculados com base no valor da receita operacional bruta, podendo, porém, ser estipulada outra base de cálculo.

Com uma interpretação simplificada da análise vertical, podemos concluir que a empresa possui, em seu ativo, um alto grau de imobilização do seu patrimônio, pois este totaliza 57%. Também podemos afirmar que conta com investimentos de 29% em estoques, tendo à sua disposição apenas 3% de capital de giro (caixa). Já na análise do passivo, podemos afirmar que o passivo exigível, que representa as obrigações para com terceiros, totaliza 64%, ou seja, a empresa tem os seus recursos financiados em sua maioria por terceiros, o que pode sugerir que a organização é um tanto fragilizada quanto aos seus financiamentos.

Como já destacado, a interpretação variará de acordo com a necessidade de informação. Outro fator que deve ser considerado para que a interpretação tenha uma maior eficácia é a comparação com a média de mercado no ramo em que a empresa está inserida.

7.3 Análise horizontal

Podemos dizer que análise horizontal é aquela que tem por finalidade evidenciar a evolução dos itens das demonstrações financeiras ao longo dos anos, ou seja, demonstrar se houve ou não crescimento em termos quantitativos, bem como acompanhar o desempenho de todas as contas que compõem a demonstração analisada. Para esse tipo de análise, são necessários, no mínimo, dois exercícios sociais sequenciais.

Com essa análise, podemos verificar se houve, de um exercício para outro, disfunções em alguma conta. Por exemplo: se houve um aumento exagerado no valor de uma conta que representa um passivo ou de despesas administrativas, ou a redução exagerada dos valores do caixa ou do lucro do exercício. Esses dados são de suma importância para a verificação do motivo da disfunção, bem como para o estabelecimento da ação corretiva. A análise horizontal é denominada por alguns analistas de *análise por números-índices*.

Vejamos, no exemplo a seguir, como funciona o processo de cálculo da análise vertical.

> **Valor total da conta em 2002 ÷ valor total da conta em 2001 × 100 – 100 = percentual de evolução**
>
> **4.000,00 ÷ 2.000,00 × 100 – 100 = 100%**
> **(evolução do caixa de 2001 para 2002)**

Podemos fazer a análise utilizando, como base da evolução, sempre o mesmo exercício financeiro, ou seja, a chamada *base fixa*. Também podemos utilizar a chamada *base móvel*, empregando sempre, como base para cálculo, o exercício ligeiramente anterior ao analisado.

Os relatórios a seguir apresentam, respectivamente, um balanço patrimonial e uma demonstração do resultado do exercício com todos os cálculos da análise horizontal já realizados, considerando a base fixa.

em Reais

Ativo	20_1		20_2		20_3	
Ativo circulante	30.000,00	100%	34.000,00	13%	30.200,00	1%
Caixa	2.000,00	100%	4.000,00	100%	3.100,00	55%
Clientes	8.000,00	100%	12.000,00	50%	11.100,00	39%
Estoques	20.000,00	100%	18.000,00	-10%	16.000,00	-20%
Ativo não circulante	40.000,00	100%	46.300,00	16%	45.300,00	13%
Imobilizado	40.000,00	100%	46.300,00	16%	45.300,00	13%
Comput. perif.	13.000,00	100%	16.300,00	25%	16.300,00	25%
Móveis e utens.	3.000,00	100%	6.000,00	100%	5.000,00	67%
Máq. e equip.	24.000,00	100%	24.000,00	0%	24.000,00	0%
Total do ativo	70.000,00	100%	80.300,00	15%	75.500,00	8%

Passivo	20_1		20_2		20_3	
Passivo circulante	35.000,00	100%	54.000,00	54%	58.000,00	66%
Fornecedores	22.000,00	100%	38.000,00	73%	37.000,00	68%
Contas a pagar	13.000,00	100%	16.000,00	23%	21.000,00	62%
Passivo não circulante	10.000,00	100%	8.500,00	-15%	6.000,00	-40%
Empréstimos	10.000,00	100%	8.500,00	-15%	6.000,00	-40%
	25.000,00	100%	17.800,00	-29%	11.500,00	-54%
Patrimônio líquido	20.000,00	100%	21.000,00	5%	21.000,00	5%
Capital social	5.000,00	100%	(3.200,00)	-164%	(9.500,00)	-290%
Lucros acumulados	70.000,00	100%	80.300,00	15%	75.500,00	8%
Total do passivo						

em Reais

DRE	20_1		20_2		20_3	
Receita operacional bruta	125.000,00	100%	117.000,00	-6%	119.000,00	-5%
(–) Deduções e abatimentos	(12.500,00)	100%	(11.600,00)	-7%	(13.000,00)	4%
(=) Receita líquida de vendas	112.500,00	100%	105.400,00	-6%	106.000,00	-6%
(–) Custo das mercadorias vendidas	(66.000,00)	100%	(76.000,00)	15%	(74.000,00)	12%

(continua)

(=) Lucro bruto	46.500,00	100%	29.400,00	-37%	32.000,00	-31%
Despesas operacionais	(27.600,00)	100%	(37.600,00)	36%	(38.300,00)	39%
Lucro operacional	18.900,00	100%	(8.200,00)	-143%	(6.300,00)	-133%
Provisões	(7.000,00)	100%	0,00	-100%	0,00	-100%
Lucro/(prejuízo) líquido do exercício	11.900,00	100%	(8.200,00)	-169%	(6.300,00)	-153%

Podemos notar, nesses relatórios, que para cada conta é calculado o **percentual de evolução** em relação aos exercícios seguintes, utilizando-se, nesse caso, a base fixa, o que demonstra o desempenho individual de cada elemento patrimonial ou de resultado.

Com uma interpretação simplificada da análise horizontal, podemos fazer diversas considerações, porém sempre temos de considerar a necessidade do usuário das informações. No exemplo anterior, podemos concluir que a empresa apresentou problema principalmente no tocante à redução da receita bruta e ao aumento dos custos das mercadorias vendidas (CMV) e das despesas operacionais, o que ocasionou o prejuízo do exercício nos anos de 2002 e 2003. Essa análise aponta que a empresa deve dar atenção ao seu fluxo operacional de vendas, visando verificar o ocorrido e executar ações para reverter a situação.

Averiguamos que, com essa análise, é possível verificarmos as discrepâncias proporcionadas, diagnosticá-las e informá-las ao usuário da informação para que este tome a decisão adequada, buscando corrigir o problema.

As análises horizontal e vertical deverão ser feitas em conjunto, para melhorar o processo de diagnóstico dos problemas apresentados. Portanto, é correto afirmar que uma análise completa a outra.

7.4 Análise por quocientes

Esse tipo de análise utiliza fórmulas chamadas de *quocientes*, que têm por objetivo destacar alguns pontos de vital importância para as tomadas de decisões das empresas. Para uma maior agilidade no estudo, vamos utilizar apenas as fórmulas mais importantes, ou seja, as principais fórmulas do grupo de análise por quocientes, uma vez que estas podem ser utilizadas em todas as análises. Convém destacar que existem outras, que podem ser utilizadas em situações mais específicas[5].

7.4.1 Quocientes de liquidez ou solvência

Esse grupo de quocientes visa demonstrar a capacidade que a empresa tem de saldar suas dívidas, ou seja, quanto, em recursos financeiros, está disponível para quitar todas as suas obrigações. Geralmente são utilizados quatro tipos de quocientes distintos para medir essa capacidade, levando--se em consideração situações distintas da empresa. A interpretação dos quatro quocientes é basicamente a mesma, considerando-se apenas as variações proporcionadas pelos recursos empregados. Veremos, na sequência, o mecanismo desses quocientes, que são de liquidez imediata, liquidez seca, liquidez corrente e liquidez geral.

- **Quociente de liquidez imediata:** Nesse caso, a capacidade de pagar as dívidas circulantes da empresa é avaliada considerando-se apenas os valores classificados no disponível da empresa. Portanto, a fórmula é o valor do disponível dividido pelo valor do passivo circulante. Vejamos a fórmula:

$$QLI = \frac{Disponível}{Passivo\ circulante}$$

Esse quociente demonstra o grau de capacidade de pagamento que a empresa possui apenas com as disponibilidades, sem necessitar realizar o restante do ativo para cada real de dívida, ou seja, quanto a organização tem de disponibilidade em face de suas obrigações imediatas (em curto prazo).

Quando multiplicamos por 100 (cem), temos a porcentagem dos compromissos que a empresa pode liquidar imediatamente. Logo, podemos chamar de *índice de liquidez imediata*.

- **Quociente de liquidez seca:** Nesse caso, a capacidade de pagar as dívidas circulantes da empresa é avaliada considerando-se todos os recursos que estão aplicados no ativo circulante, desconsiderando-se apenas os valores classificados no grupo de estoques da empresa. Portanto, a fórmula é o valor do ativo circulante menos o estoque, dividido pelo valor do passivo circulante. Vejamos a fórmula:

5 Consultar bibliografias que tratem especificamente de análise de demonstrações contábeis.

$$QLS = \frac{\text{Ativo circulante} - \text{estoque}}{\text{Passivo circulante}}$$

Esse quociente demonstra qual o grau de capacidade de pagamento que a empresa possui para saldar todas as suas obrigações, contando com todos os valores investidos no ativo, sem considerar a realização[6] dos estoques para cada real de dívida.

O ideal seria que todas as empresas analisadas tivessem R$ 1,00 aplicado para cada R$ 1,00 de dívida, ou seja, 100% para liquidá-las sem usar o seu estoque. Assim, poderíamos dizer que a empresa gozaria de uma boa situação de solvência.

- **Quociente de liquidez corrente:** Esse é o caso em que a capacidade de pagar as dívidas circulantes da empresa é avaliada considerando-se todos os recursos que estão aplicados no ativo circulante, inclusive a realização dos estoques da empresa. Portanto, a fórmula é o valor do ativo circulante dividido pelo valor do passivo circulante. Vejamos a fórmula:

$$QLC = \frac{\text{Ativo circulante}}{\text{Passivo circulante}}$$

Esse quociente evidencia os recursos existentes aplicados no ativo circulante para fazer face ao montante das obrigações circulantes da empresa. Como podemos ver, conheceremos a situação de solvência da empresa, em face a todas as obrigações (em curto prazo), depois de realizar todos os ativos pelo valor em que estes estão contabilizados.

- **Quociente de liquidez geral:** A capacidade de pagar todas as obrigações do passivo exigível da empresa, nesse caso, é avaliada considerando-se todos os recursos que estão aplicados no ativo circulante e no ativo não circulante realizável a longo prazo. Portanto, a fórmula é o valor do ativo circulante mais o ativo não circulante realizável a longo prazo, dividido pelo valor do passivo circulante mais o passivo não circulante:

$$QLG = \frac{\text{Ativo circulante + ativo não circulante realizável a longo prazo}}{\text{Passivo circulante + passivo não circulante}}$$

Esse quociente evidencia os recursos existentes aplicados no ativo circulante e ativo não circulante realizável a longo prazo, para fazer frente ao montante das obrigações totais da empresa, ou seja, os valores inscritos do passivo exigível. Como podemos ver, conheceremos a situação de solvência da empresa em face de todas as obrigações depois de realizar todos os valores aplicados no ativo circulante e no ativo não circulante realizável a longo prazo pelo valor em que estes estão contabilizados.

7.4.1.1 Interpretação dos quocientes de solvência

Como vimos anteriormente, a finalidade básica da extração desses quocientes é conhecer a capacidade da empresa de liquidar suas obrigações com terceiros. Devemos sempre considerar, para uma melhor interpretação desses quocientes, o seguinte: **o valor encontrado com base na aplicação da fórmula representa o valor disponível para saldar cada real de obrigação que a empresa possui.**

Quanto maior o valor encontrado com a aplicação da fórmula, melhor é a condição da empresa para saldar suas obrigações; portanto, quanto maior o valor, melhor está a empresa no que se refere à sua solvência.

Vejamos, a seguir, um exemplo de cálculo dos quocientes de liquidez.

Empresa Exemplo S.A.
CNPJ 00.000.000/0003-03
Balanço Patrimonial (em Reais)
Levantado em 31 de dezembro de 20_0

em Reais

Ativo

Ativo circulante	1.103.408,95
Caixa	710.833,65
Bancos c/Movimento	130.000,00
Clientes	70.000,00
Mercadorias	192.575,30

(continua)

(conclusão)

Ativo não circulante	383.096,67
Imobilizado	383.096,67
Imóveis	553.000,00
Comput. e periféricos	50.500,00
Veículos	57.000,00
Móveis e utensílios	8.000,00
(–) Deprec. imóveis	(261.686,67)
(–) Deprec. veículos	(16.900,00)
(–)Deprec. móv./utens.	(5.133,33)
(–)Deprec. comput./perif.	(1.683,33)
Total do ativo	1.486.505,62

Passivo

Passivo circulante	511.253,65
Fornecedores	283.450,00
Empréstimos a pagar	61.900,00
Salários a pagar	28.000,00
INSS a pagar	7.784,00
FGTS a pagar	2.380,00
PIS a pagar	3.380,00
Cofins a pagar	15.600,00
ICMS a recolher	23.859,12
IRPJ a pagar	24.367,88
Adicional de IR a pagar	12.245,25
CSL a pagar	14.620,73
Nota prom. a pagar	33.666,67
Passivo não circulante	287.033,33
Financ. a pagar a LP	200.000,00
Nota prom. a pagar a LP	16.833,33
Empréstimos a pagar a LP	70.200,00
Patrimônio líquido	688.218,64
Capital social	600.000,00
Ágio na venda de ações	17.000,00
Reavaliação imóveis	125.000,00
Lucros/prej. acumulados	(67.127,60)
Reserva legal	5.560,93
Reserva estatutária	7.785,30
Total do passivo	1.486.505,62

Cálculo dos quocientes de liquidez:

Liquidez geral

$$\frac{AC + ANC\ (RLP)}{PC + PNC} \rightarrow \frac{1.103.408,95}{511.253,65 + 287.033,33} = 1,38$$

Liquidez corrente

$$\frac{AC}{PC} \rightarrow \frac{1.103.408,95}{511.253,65} = 2,16$$

Liquidez seca

$$\frac{AC - estoques}{PC} \rightarrow \frac{1.103.408,95 - 192.575,30}{511.253,65} = 1,78$$

Liquidez imediata

$$\frac{Disponível}{PC} \rightarrow \frac{840.833,65}{511.253,65} = 1,64$$

Verificamos pelos resultados que a empresa possui, em todos os quocientes calculados, mais do que R$ 1,64 de valores para saldar cada real das suas obrigações, o que significa, no caso, a liquidez imediata[7], pois ela pode quitar suas obrigações e ainda lhe sobra R$ 0,64 para cada real quitado.

As análises dos demais quocientes de liquidez devem seguir o mesmo padrão da análise da liquidez imediata.

7.4.2 Quocientes de endividamento

Esse grupo de análise visa demonstrar qual é o nível de participação em valores dos capitais próprios em relação aos capitais de terceiros. A análise do endividamento possibilita ao proprietário verificar o percentual de participação de capitais externos na empresa. Vejamos as fórmulas que esse grupo de análise utiliza.

[7] Levando em consideração a análise realizada, percebemos que a empresa adota uma política de recursos de caixa muito perigosa, deixando um acúmulo alto de valores na empresa.

- **Quociente de participação de capitais de terceiros (QPCT):**

$$QPCT = \frac{\text{Passivo exigível total}}{\text{Patrimônio líquido}}$$

Esse quociente, também conhecido como *quociente de endividamento total*, demonstra diretamente a proporção que existe entre os capitais de terceiros e os capitais próprios. Mostra a capacidade da empresa para pagar todas as suas obrigações com seu patrimônio líquido.

Podemos dizer que a fórmula do QPCT, ou do quociente de endividamento total, é bastante significativa, pois evidencia se os capitais de terceiros envolvidos no giro dos negócios da empresa superam ou não os capitais próprios. Quando esse índice for superior a 1,00 (um), ficará evidenciado que a empresa utilizou mais capitais de terceiros do que capital próprio, deixando, assim, fora de garantia o capital de terceiros em relação ao capital próprio.

A percentagem de capitais de terceiros sobre o capital próprio não pode ser muito grande, pois o seu aumento acresce progressivamente as despesas financeiras, deteriorando a posição de rentabilidade da empresa, bem como reduz a garantia para os credores sobre a situação líquida da organização. Vejamos o cálculo com base no balanço da empresa Exemplo S.A., levantado em 31 de dezembro de 20_0:

$$\frac{\text{PET}}{\text{PL}} = \frac{798.286,98}{688.218,64} = 1,16$$

Na análise desse índice, verificamos que para cada R$ 1,00 que os sócios disponibilizaram para a empresa foram necessários R$ 1,16 de capitais financiados por terceiros. Portanto, demonstra que a empresa tem mais recursos de terceiros aplicados do que os recursos próprios, com a proporção de R$ 0,16 (dezesseis centavos) por real investido a mais do que foi investido pelos sócios.

- **Composição do endividamento (CE):**

$$CE = \frac{\text{Passivo circulante}}{\text{Passivo exigível total}} \times 100$$

Essa fórmula demonstra a composição das dívidas da empresa para com terceiros. Com o seu resultado, obtemos o percentual das obrigações para com terceiros a curto e longo prazo. Vejamos o cálculo com base no balanço da empresa Exemplo S.A. levantado em 31 de dezembro de 20_0:

$$\frac{PC}{PET} = \frac{511.253,65}{798.286,98} \times 100 = 64\%$$

Verificamos, nesse caso, que do total das obrigações para com terceiros, a empresa possui 64% a curto prazo e, consequentemente, 36% a longo prazo.

7.4.3 Quocientes de rentabilidade

Esse grupo de análise visa demonstrar qual é o nível de retorno proporcionado pelas atividades operacionais da empresa, isto é, qual é a sua **rentabilidade**. Esse quociente demonstra a proporção do resultado econômico, ou seja, lucro ou prejuízo líquido do exercício. Nesse grupo de análise, encontramos algumas fórmulas[8], entre as quais destacamos o **retorno do investimento baseado nas vendas**.

A **margem líquida (ML)** representa o retorno líquido dos investimentos baseado no total das vendas da empresa em um determinado período. Para tal análise, utilizamos os valores da demonstração de resultados do exercício e, assim, com essa fórmula, sabemos quanto de retorno em valores estamos atingindo por real vendido.

$$ML = \frac{\text{Lucro líquido}}{\text{Vendas líquidas}} \times 100$$

[8] Existem outras fórmulas de rentabilidade, mas, para os fins deste capítulo, utilizaremos apenas a margem líquida.

Vejamos um exemplo de cálculo da margem líquida.

Empresa Exemplo S.A.

CNPJ 00.000.000/0003-03

Demonstração do Resultado do Exercício

De 01 de janeiro de 20_0 a 31 de dezembro de 20_0

em Reais

Receita bruta	900.000,00
Receita com vendas	900.000,00
(–) Deduções da receita	(244.330,00)
ICMS	(134.400,00)
PIS	(5.330,00)
Cofins	(24.600,00)
Devolução de vendas	(80.000,00)
(=) Receita líquida	655.670,00
(–) Custo da mercadoria vendida	(405.725,82)
CMV	(405.725,82)
(=) Lucro operacional bruto	249.944,18
(–) Despesas operacionais	(91.249,33)
com vendas	(2.332,00)
administrativas	(88.917,33)
(+) Receitas financeiras	3.757,65
juros recebidos	3.900,00
PIS s/fat. outras receitas	(25,35)
Cofins outras receitas	(117,00)
(=) Lucro antes do IR	162.452,50
(–) Provisão para IRPJ	(24.367,88)
(–) Adicional do IR	(12.245,25)
(–) Provisão para cont. social	(14.620,73)
(=) Lucro líquido do exercício	111.218,64

$$\frac{\text{Lucro líquido}}{\text{Vendas líquidas}} = \frac{111.218,64}{655.670,00} \times 100 = 17\%$$

Na interpretação dessa fórmula, verificamos que a empresa em questão está apresentando uma margem líquida de 17% no período, ou seja, o lucro líquido representa 17% das vendas líquidas. Podemos ainda verificar que consequentemente 83% do total das vendas líquidas foram gastos com provisões dos impostos sobre lucro e com despesas administrativas.

7.5 Interpretações dos quocientes patrimoniais

Como vimos, os quocientes representam a relação entre dois grupos patrimoniais. Assim, se os valores que formam o **patrimônio** estiverem harmonicamente distribuídos no conjunto patrimonial, os resultados por eles apresentados estarão equilibrados. Na interpretação, devemos fazer análises e comparações entre os quocientes da empresa e os quocientes-padrão[9] de mercado de trabalho.

No momento da **interpretação**, devemos considerar todos os quocientes calculados para podermos ser mais precisos nas informações. No momento do **fornecimento** das informações, devemos ser claros, objetivos e anteciparmo-nos às situações, deixando os administradores cientes do seguinte:

* as medidas que o empresário ou administrador deve tomar;

* quais as particularidades que estão afetando a empresa;

* a política que a empresa deve adotar;

* as dificuldades apresentadas.

O cálculo e a interpretação dos quocientes geralmente são funções do contabilista, porém, quanto mais conhecimentos forem obtidos sobre o assunto, mais fácil será analisar as propostas implementadas pelo contabilista e maior a segurança em tomar as decisões que afetarão o futuro da empresa.

7.6 Relatório de análise

O contabilista que desempenha as funções de analista, além de profundo conhecedor da ciência contábil e também das características da empresa a ser analisada, deve estar apto a elaborar um relatório que verse sobre os resultados de sua análise.

Segundo Ribeiro (1997, p. 187), "**Relatório de Análise** é um documento, elaborado pelo analista de Balanços, que contém as conclusões resultantes do desenvolvimento do processo de Análise" (grifo nosso). Portanto, o relatório de análise deve conter todas as conclusões do trabalho, com a finalidade de ser entregue aos usuários das informações contábeis que solicitaram a análise. Ele deve, pois, conter o parecer sobre a situação econômico-financeira da empresa analisada.

9 Quociente-padrão é aquele calculado com base em diversas empresas de um mesmo ramo de atuação, para que se possa determinar qual é o padrão das empresas que pertencem àquele ramo. É calculado com o uso dos conhecimentos de estatística aplicada.

Tal documento deve ser elaborado sempre com base nas necessidades descritas pelo solicitante. Contudo, o analista deve estar atento para algumas recomendações a serem seguidas:

- a linguagem deve ser clara e de fácil interpretação para os leigos;
- as conclusões precisam ser relatadas com a finalidade de auxiliar a tomada de decisões;
- o relatório em geral deve apresentar as posições econômico-financeiras da empresa, bem como a evolução e o desenvolvimento desta ao longo do período analisado;
- o relatório tem de ser elaborado mediante a interpretação dos quocientes em relação aos quocientes-padrão;
- se possível, o relatório precisa conter em anexo as bases da interpretação, ou seja, os quocientes calculados.

Para que o relatório de análise atinja o seu objetivo, é necessário que corresponda às necessidades dos usuários que solicitaram a análise. Uma maneira de padronizar esse documento é atentar para os aspectos descritos anteriormente descritos.

Síntese

Este capítulo pode ser resumido nos conceitos a seguir.

- **Análise de balanços:** Consiste em ferramenta de controle da evolução patrimonial equilibrada.
- **Padronização das demonstrações:** Consiste em ajustar as demonstrações contábeis, visando a uma análise mais precisa.
- **Análise vertical:** Analisa a empresa em relação à distribuição dos recursos entre os elementos patrimoniais.
- **Análise horizontal:** Analisa a empresa considerando a evolução dos elementos patrimoniais de um exercício em relação a outros.
- **Análise por quocientes:** Evidenciam posições específicas da empresa em relação à liquidez/solvência, ao endividamento e à rentabilidade.
- **Interpretação da análise:** Deverá sempre considerar o ambiente interno e externo, ou seja, a empresa e sua inserção no mercado.
- **Relatório de análise:** Deverá apresentar, de forma clara e objetiva, aos usuários de informações todas as análises efetuadas com sua interpretação.

Com o balanço patrimonial apresentado a seguir, efetue a análise por quocientes. Faça a interpretação elaborando um relatório sucinto de análise.

Fortuna Certa S.A.
CNPJ 00.000.0001/0004-00
Balanço patrimonial
Levantado em 31 de dezembro de 20_1

em Reais

ATIVO

Ativo circulante		**310.844,94**
Disponível		9.964,02
	Caixa	8.762,07
	Banco conta Movimento	1.201,95
Valores a receber a curto prazo		269.092,00
	Clientes	269.092,00
Estoques		31.788,92
	Mercadorias	31.788,92
Ativo não circulante		**582.133,32**
Imobilizado		582.133,32
	Imóveis	600.000,00
(–)	Deprec. acum. imóveis	(52.000,00)
	Veículos	22.000,00
(–)	Deprec. acum. móveis/utensílios	(5.133,34)
	Móveis e utensílios	8.000,00
(–)	Deprec. acum. móveis/utensílios	(2.533,34)
	Computadores e periféricos	12.000,00
(–)	Deprec. acum. comput./perif.	(200,00)
Total do ativo		**892.978,26**
PASSIVO		
Passivo circulante		**332.089,69**
Obrigações diversas		279.635,00
	Fornecedores	156.345,00

(continua)

(continuação)

	Notas promissórias a pagar	9.000,00
	Financiamentos a pagar	200.000,00
(–)	Juros transc. s/financ. a pagar	(85.710,00)
	Obrigações trabalhistas	26.697,20
	Salários a pagar	19.659,20
	INSS a pagar	5.465,26
	FGTS a pagar	1.572,74
	Obrigações tributárias	25.757,49
	ICMS a recolher	25.757,49
	Patrimônio líquido	**560.888,57**
	Capital social	600.000,00
	Capital social	600.000,00
	Lucros e prejuízos acumulados	(39.111,43)
	LPA	(155.029,39)
	Lucro do exercício	115.917,96
	Total do passivo	**892.978,26**

Resolução:

Cálculo dos quocientes

$$QLI = \frac{\text{Disponível}}{\text{Passivo circulante}} \quad \frac{9.964,02}{332.089,69} = 0,03$$

$$QLS = \frac{\text{Ativo circulante} - \text{estoques}}{\text{Passivo circulante}} \quad \frac{279.056,02}{332.089,69} = 0,84$$

$$QLC = \frac{\text{Ativo circulante}}{\text{Passivo circulante}} \quad \frac{310.844,94}{332.089,69} = 0,94$$

$$QLG = \frac{\text{Ativo circulante} + \text{ativo não circulante} - \text{realizável a longo prazo}}{\text{Passivo circulante} + \text{passivo não circulante}} \quad \frac{310.844,94}{332.089,69} = 0,94$$

$$QPCT = \frac{\text{Passivo exigível total}}{\text{Patrimônio líquido}} \quad \frac{332.089,69}{560.888,57} = 0,59$$

$$QCE = \frac{\text{Passivo circulante}}{\text{Passivo exigível total}} \times 100 \quad \frac{332.089,69}{332.089,69} = 100\%$$

- **Relatório de análise**

O presente relatório de análise foi elaborado utilizando-se os quocientes de liquidez/solvência e os quocientes de endividamento. Devido à análise efetuada, verificamos que a empresa não possui folga financeira em relação aos quocientes de liquidez/solvência. O disponível apresenta apenas R$ 0,03 para saldar cada R$ 1,00 das obrigações em curto prazo. Já a liquidez seca tem à disposição R$ 0,84 para cada R$ 1,00 das obrigações em curto prazo. A liquidez corrente, que representa a comparação entre o ativo e o passivo circulantes, apresenta R$ 0,94 para cada R$ 1,00 de obrigações, o mesmo acontecendo com o quociente de liquidez geral, motivada pela não existência nem de direitos nem de obrigações em curto prazo. Com esse cenário, podemos concluir que a empresa não possui a liquidez desejada para saldar suas obrigações com recursos aportados no ativo.

Quanto ao endividamento, verificamos que a empresa detém em suas origens a maioria de capital próprio, apresentando apenas R$ 0,59 de capital de terceiros para cada R$ 1,00 de capital próprio. Já na composição da dívida com terceiros, 100% dos recursos são em curto prazo, ou seja, estão alocados no passivo circulante, o que demonstra que a empresa não utiliza a política interna de efetuar compras em longo prazo.

Concluindo, a empresa deverá manter a política de utilização de recursos próprios, podendo até buscar capital de terceiros de forma prudente. Também deverá rever o fluxo operacional para que possa gerar capital de giro e outros bens/direitos, buscando fortalecer a sua liquidez.

Questão para revisão

Com os balanços patrimoniais e com as demonstrações do resultado do exercício a seguir apresentados, execute os seguintes itens:

- Calcule a Análise Vertical do Exercício Social 20_3.
- Calcule a Análise Horizontal do Exercício Social 20_3 em relação ao Exercício Social 20_2.

- Calcule os quocientes de liquidez/solvência dos dois exercícios sociais.
- Calcule os quocientes de endividamento dos dois exercícios socais.
- Calcule o quociente de rentabilidade dos dois exercícios sociais.
- Elabore um relatório sucinto de análise destacando os 5 fatores mais relevantes da análise.

Fortuna Certa S.A.
CNPJ 00.000.001/0004-00
Balanço Patrimonial

em Reais

	20_2	20_3
ATIVO		
Ativo circulante	**470.011,95**	**309.234,06**
Disponível	**234.857,07**	**8.022,95**
Caixa	114.660,57	6.689,90
Banco conta Movimento	120.196,50	1.333,05
Valores a receber a curto prazo	**180.000,00**	**269.440,00**
Clientes	180.000,00	269.440,00
Créditos a recuperar	**10.154,88**	–
ICMS a recuperar	10.154,88	–
Estoques	**45.000,00**	**31.771,11**
Mercadorias	45.000,00	31.771,11
Ativo não circulante	**572.766,66**	**582.320,15**
Imobilizado	**572.766,66**	**582.320,15**
Móveis e utensílios	8.000,00	8.000,00
(–) Deprec. acum. móveis/utensílios	(2.466,67)	(2.533,34)
Imóveis	600.000,00	600.000,00
(–) Deprec. acum. imóveis	(50.000,00)	(52.000,00)
Veículos	22.000,00	22.000,00
(–) Deprec. acum. veículos	(4.766,67)	(5.133,34)
Computadores e periféricos	–	12.190,00
(–) Deprec. acum. comput./perif.	–	(203,17)
Total do ativo	**1.042.778,61**	**891.554,21**
PASSIVO		
Passivo circulante	**599.966,38**	**386.467,02**
Obrigações diversas	**569.285,71**	**305.483,50**
Fornecedores	455.000,00	156.341,00

(continua)

	Notas promissórias a pagar	–	9.142,50
	Financiamentos a pagar	200.000,00	200.000,00
(–)	Juros transc. s/financ. a pagar	(85.714,29)	(60.000,00)
Obrigações trabalhistas		**28.518,00**	**26.776,23**
	Salários a pagar	21.000,00	19.717,40
	INSS a pagar	5.838,00	5.481,44
	FGTS a pagar	1.680,00	1.577,39
Obrigações tributárias		**2.162,67**	**54.207,29**
	ICMS a recolher	–	19.190,96
	PIS s/faturamento a pagar	385,77	14.945,55
	Cofins a pagar	1.776,90	3.244,75
	IRPJ a pagar	–	8.305,60
	Adicional de IR a pagar	–	3.537,07
	CSLL a pagar	–	4.983,36
Patrimônio líquido		**442.812,23**	**505.087,19**
Capital social		**600.000,00**	**600.000,00**
	Capital social	600.000,00	600.000,00
Lucros ou prejuízos acumulados		**(157.187,77)**	**(94.912,81)**
(–)	LPA	(96.014,43)	(157.187,77)
(–)	Prejuízo do exercício	(61.173,34)	–
	Lucro líquido do exercício	–	62.274,96
Total do passivo		**1.042.778,61**	**891.554,21**

Fortuna Certa S.A.
CNPJ 00.000.001/0004-00
Demonstração do Resultado do Exercício (em Reais)

		em Reais	
		20_3	20_4
Receita operacional bruta		**710.000,00**	**324.559,50**
	Receita com vendas	710.000,00	324.559,50
(–)	**Dedução da receita operacional bruta**	**(162.875,00)**	**(75.905,23)**
	ICMS s/venda	(97.200,00)	(45.883,47)
	PIS s/faturamento	(11.715,00)	(24.666,52)
	Cofins	(53.960,00)	(5.355,24)
(=)	**Receita operacional líquida**	**547.125,00**	**248.654,27**

(continua)

(–)	**Custo da mercadoria vendida**	**(508.079,65)**	**(107.780,75)**
	CMV	(508.079,65)	(107.780,75)
(=)	**Lucro operacional bruto**	**39.045,35**	**140.873,52**
(–)	**Despesas operacionais**	**(100.218,69)**	**(61.772,53)**
	com vendas	**(866,25)**	**(2.594,02)**
	(–) Frete s/vendas	(866,25)	(2.594,02)
	Administrativas	**(40.001,26)**	**(33.464,22)**
	(–) Salários	(21.000,00)	(19.717,40)
	(–) INSS	(5.838,00)	(5.481,44)
	(–) FGTS	(1.680,00)	(1.577,39)
	(–) Depreciação	(2.208,26)	(2.392,64)
	(–) Telefone/telefonemas	–	(798,00)
	(–) Combustíveis	–	(89,00)
	(–) Material de limpeza	(2.000,00)	(598,00)
	(–) Material de expediente	(7.275,00)	(2.810,35)
	Financeiras líquidas	**(59.351,18)**	**(25.714,29)**
	(–) Despesas com juros	(64.285,71)	(25.714,29)
	(+) Receita com juros	5.437,50	–
	(–) PIS s/faturamento outras receitas	(89,72)	–
(+)	(–) Cofins outras receitas	(413,25)	–
(=)	**Resultado operacional líquido**	**(61.173,34)**	**79.100,99**
	(–) Provisão para IRPJ	–	(8.305,60)
	(–) Provisão para CSLL	–	(4.983,36)
	(–) Provisão para adicional de IR	–	(3.537,07)
	Prejuízo líquido do exercício	**(61.173,34)**	**62.274,96**

Para concluir...

Após a leitura desta obra, que tem um cunho destacadamente didático, o profissional de ciências contábeis tem condições de adaptar-se a situações que são extremamente necessárias para o seu desenvolvimento na área de aplicação da contabilidade. Também não é diferente para o leitor que atua em outro campo, mas que utiliza as informações proporcionadas pela contabilidade.

O processo de gestão se torna mais eficiente quando as decisões são tomadas com base em informações precisas. Logo, mesmo que o profissional não tenha como foco central a área da ciência contábil, ele poderá fazer uso de seus conceitos para aprimorar o processo decisório.

O sistema de controle financeiro a que remete a contabilidade é extremamente útil não apenas em departamentos contábeis, empresas, instituições públicas etc., como também na utilização particular da pessoa física. Desse modo, o leitor pode também adaptar os sistemas aqui apresentados até mesmo para elaborar sua contabilidade doméstica.

Assim, esperamos que a leitura desta obra tenha acrescentado em conhecimento tanto para sua formação profissional quanto para sua vida pessoal, contribuindo para o sucesso de seus empreendimentos.

Referências

ABICALAFFE, C. **Qualidade total na contabilidade**: o contador do século XXI – o assessor do sucesso. Curitiba: Cash, 1998.

ASSEF, R. **Guia prático de formação de preços**: aspectos mercadológicos, tributários e financeiros para pequenas e médias empresas. Rio de Janeiro: Campos, 1997.

BRASIL. Constituição (1988). Diário Oficial da União, Brasília, DF, 5 out. 1988. Disponível em: <http://www.planalto.gov.br/ccivil_03/constituicao/constitui%C3%A7ao.htm>. Acesso em: 11 ago. 2011.

_____. Decreto n. 1.339, de 9 de janeiro de 1905. Coleção de Leis do Brasil. Poder Legislativo, Brasília, DF, 31 dez. 1905. Disponível em: <http://www6.senado.gov.br/legislacao/ListaPublicacoes.action?id=56206&tipoDocumento=DEC&tipoTexto=PUB>. Acesso em: 11 ago. 2011.

_____. Decreto n. 3.000, de 26 de março de 1999. **Diário Oficial da União**, Poder Legislativo, Brasília, DF, 17 jun. 1999. Disponível em: <http://www6.senado.gov.br/legislacao/ListaPublicacoes.action?id=151683&tipoDocumento=DEC&tipoTexto=PUB>. Acesso em: 11 ago. 2011.

_____. Decreto n. 9.295, de 27 de maio de 1946. **Diário Oficial da União**, Poder Executivo, Brasília, DF, 28 maio 1946. Disponível em: <http://www.planalto.gov.br/ccivil_03/decreto-lei/Del9295.htm>. Acesso em: 26 ago. 2011.

_____. Decreto-Lei n. 2.627, de 26 de setembro de 1940. **Diário Oficial da União**, Poder Executivo, Brasília, DF, 1º out. 1940. Disponível em: <http://www.planalto.gov.br/ccivil_03/decreto-lei/Del2627.htm>. Acesso em: 26 ago. 2011.

BRASIL. Lei n. 556, de 25 de junho de 1850. Coleção de Leis do Brasil. Poder Legislativo, Brasília, DF, 31 dez. 1850. Disponível em: <http://www6.senado.gov. br/legislacao/ListaPublicacoes.action?id=229535&tipoDocumento=LEI&tipoTexto =PUB>. Acesso em: 11 ago. 2011.

BRASIL. Lei n. 5.172, de 25 de outubro de 1966. **Diário Oficial da União**, Poder Legislativo, Brasília, DF, 27 out. 1966. Disponível em: <http://www6.senado.gov. br/legislacao/ListaPublicacoes.action?id=102357&tipoDocumento=LEI&tipoTexto =PUB> Acesso em: 11 ago. 2011.

_____. Lei n. 6.404, de 15 de dezembro de 1976. **Diário Oficial da União**, Poder Legislativo, Brasília, 15 dez. 1976. Disponível em: <http://www6.senado.gov.br/ legislacao/ListaPublicacoes.action?id=102378&tipoDocumento=LEI&tipoTexto= PUB>. Acesso em: 11 ago. 2011.

_____. Lei n. 8.218, de 29 de agosto de 1991. **Diário Oficial da União**, Poder Legislativo, Brasília, DF, 30 ago. 1991. Disponível em: <http://www6.senado.gov.br/legislacao/ ListaPublicacoes.action?id=135294&tipoDocumento=LEI&tipoTexto=PUB>. Acesso em: 11 ago. 2011.

_____. Lei n. 9.317, de 5 de dezembro de 1996. **Diário Oficial da União**, Poder Legislativo, Brasília, DF, 6 dez. 1996. Disponível em: <http://www6.senado.gov.br/ legislacao/ListaPublicacoes.action?id=145001&tipoDocumento=LEI&tipoTexto= PUB>. Acesso em: 11 ago. 2011.

_____. Lei n. 9.732, de 11 de dezembro de 1998. **Diário Oficial da União**, Poder Legislativo, Brasília, DF, 14 dez. 1998. Disponível em: <http://www6.senado.gov. br/legislacao/ListaPublicacoes.action?id=150969&tipoDocumento=LEI&tipoTexto =PUB>. Acesso em: 11 ago. 2011.

_____. Lei n. 10.256, de 9 de julho de 2001. **Diário Oficial da União**, Poder Legislativo, Brasília, DF, 10 jul. 2001. Disponível em: <http://www6.senado.gov.br/legislacao/ ListaPublicacoes.action?id=233150&tipoDocumento=LEI&tipoTexto=PUB>. Acesso em: 11 ago. 2011.

_____. Lei n. 10.406, de 10 de janeiro de 2002. **Diário Oficial da União**, Poder Legislativo, Brasília, DF, 11 jan. 2002. Disponível em: <http://www6.senado.gov. br/legislacao/ListaPublicacoes.action?id=234240&tipoDocumento=LEI&tipoTexto =PUB>. Acesso em: 11 ago. 2011.

_____. Lei n. 10.833, de 29 de dezembro de 2003. **Diário Oficial da União**, Poder Legislativo, Brasília, DF, 30 dez. 2003. Disponível em: <http://www6.senado.gov. br/legislacao/ListaPublicacoes.action?id=238163&tipoDocumento=LEI&tipoTexto =PUB>. Acesso em: 11 ago. 2011.

_____. Lei n. 11.638, de 28 de dezembro de 2007. **Diário Oficial da União**, Poder Executivo, Brasília, DF, 28 dez. 2007. Disponível em: <http://www.planalto.gov.br/ ccivil_03/_ato2007-2010/2007/lei/l11638.htm>. Acesso em: 26 ago. 2011.

BRASIL. Lei Complementar n. 123, de 14 de dezembro de 2006. Poder Legislativo, Brasília, DF, 15 dez. 2006. Disponível em: <http://www.planalto.gov.br/ccivil_03/leis/LCP/Lcp123.htm>. Acesso em: 1º set. 2011.

_____. MINISTÉRIO DA FAZENDA. Receita Federal. Instrução Normativa SRF n. 162, de 31 de dezembro de 1998. **Diário Oficial da União**, Brasília, DF, 7 jan. 1999. Disponível em: <http://www.receita.fazenda.gov.br/legislacao/ins/ant2001/1998/in16298.htm>. Acesso em: 12 ago. 2011.

CFC – Conselho Federal de Contabilidade. Resolução CFC n. 750. Princípios fundamentais da contabilidade, de 29 de dezembro de 1993. **Diário Oficial da União**, Brasília, DF, 31 dez. 1993. Disponível em: <http://www.cfc.org.br/sisweb/sre/detalhes_sre.aspx?Codigo=1993/000750>. Acesso em: 11 ago. 2011.

_____. Resolução CFC n. 1.138. Demonstração do valor adicionado, de 21 de novembro de 2008. NBC T 3.7. **Diário Oficial da União**, Brasília, DF, 21 nov. 2008. Disponível em: <http://www.cfc.org.br/sisweb/sre/detalhes_sre.aspx?Codigo=2008/001138>. Acesso em: 11 ago. 2011.

_____. Resolução CFC n. 1.296. Demonstração dos fluxos de caixa, de 17 de setembro de 2010. NBC T 3.8. **Diário Oficial da União**, Brasília, DF, 7 out. 2010. Disponível em: <http://www.cfc.org.br/sisweb/sre/detalhes_sre.aspx?Codigo=2010/001296>. Acesso em: 11 ago. 2011.

COTRIM, G. V. **Direito e legislação**: introdução ao direito. 20. ed. São Paulo: Saraiva, 1997.

DINIZ. M. H. **Código civil anotado**. 8. ed. atual. São Paulo: Atlas, 2002.

EITEMAN, D. K.; STONEHILL, A. I.; MOFFETT, M. H. **Administração financeira internacional**. 9. ed. Porto Alegre: Bookman, 2002.

FABRETTI, L. C. **Contabilidade tributária**. 4. ed. rev. e atual. São Paulo: Atlas, 1998.

FIPECAFI – Fundação Instituto de Pesquisas Contábeis, Atuariais e Financeiras. **Manual de contabilidade das sociedades por ações**: aplicável às demais sociedades. 5. ed. rev. e atual. São Paulo: Atlas, 2000.

FUNENSEG – ESCOLA NACIONAL DE SEGUROS. **Contabilidade/supervisão e coordenação metodológica da diretoria de ensino e pesquisa**. 7. ed. Rio de Janeiro: Funenseg, 2005.

GOUVEIA, N. **Contabilidade básica**. 2. ed. São Paulo: Harbra, 2001.

GUIMARÃES, S. **Administração e controle**: princípios de organização e administração de empresas. 3. ed. São Paulo: Ática, 1992.

HELFERT, E. A. **Técnicas de análise financeira**. 9. ed. Porto Alegre: Bookman, 2000.

IUDÍCIBUS, S. (Coord.) **Contabilidade introdutória**. 7. ed. São Paulo: Atlas, 1986.

_____. **Teoria da contabilidade**. 4. ed. São Paulo: Atlas, 1994.

MARION, J. C. **Contabilidade básica**. 6. ed. São Paulo: Atlas, 1998.

MARTINS, E.; ASSAF NETO, A. **Administração financeira**. São Paulo: Atlas, 1986.

RIBEIRO, O. M. **Contabilidade básica fácil.** 11. ed. São Paulo: Saraiva, 1996.

_____. **Estrutura e análise de balanços fácil.** 5. ed. São Paulo: Saraiva, 1997.

_____. **Contabilidade básica fácil.** 24. ed. São Paulo: Saraiva, 2003.

RITTA, D. **Conceitos de contabilidade.** Disponível em: <http://www.dorado.pro.br/conteúdos/conceito.html>. Acesso em: 24 maio 2006.

SANVICENTE, A. Z. **Administração financeira.** 3. ed. São Paulo: Atlas, 1987.

SCHMIDT, P. **História do pensamento contábil.** Porto Alegre: Bookman, 2000.

Respostas

Capítulo 1

Questões para revisão

1. d
2. c
3. a
4. Contabilidade é a ciência que se ocupa do registro, por meio de técnicas próprias, dos atos e fatos da administração das entidades econômico-financeiras, que possam ser expressos monetariamente, possibilitando o controle, o estudo e a interpretação das variações do patrimônio da empresa, bem como fornecendo informações a todos os usuários interessados.
5. **Fiscal:** Auxilia na elaboração de informações para os órgãos fiscalizadores. É imprescindível para um bom planejamento tributário da entidade.

   Gerencial: Tem por objetivo auxiliar a administração para a otimização dos recursos disponíveis na entidade, por meio de um controle adequado do patrimônio.

Financeira: Elabora e consolida as demonstrações contábeis para disponibilizar informações aos usuários externos.

Auditoria: Compreende o exame de documentos, livros e registros, a inspeção e obtenção de informações internas e externas relacionadas ao controle do patrimônio, objetivando mensurar a exatidão desses registros e das demonstrações contábeis deles decorrentes.

Perícia contábil: Elabora laudos em processos judiciais ou extrajudiciais sobre organizações com problemas financeiros causados por erros administrativos.

Atuarial: É especializada na contabilidade de empresas de previdência privada e em fundos de pensão.

Capítulo 2

Questões para revisão

1.

Pão Quente Ltda.
CNPJ 00.000.000/0001-00
Balanço Patrimonial Inicial
Curitiba,____de _____ de _____.

em Reais

Ativo		Passivo	
Bens		Patrimônio líquido	
Imóveis	45.000,00	Capital social	70.000.00
Máquinas e equipamentos	25.000,00		
Total do ativo	70.000.00	Total do passivo	70.000.00

2.

Pão Quente Ltda.
CNPJ 00.000.000/0001-00
Balanço Patrimonial
Curitiba,____de _____ de _____.

em Reais

Ativo		Passivo	
Bens		Obrigações	
Caixa	12.000,00	Empréstimos a pagar	12.000,00
Imóveis	45.000,00	Patrimônio líquido	
Máquinas e equipamentos	25.000,00	Capital social	70.000,00
Total do ativo	82.000.00	Total do passivo	82.000.00

3.

Pão Quente Ltda.
CNPJ 00.000.000/0001-00
Balanço Patrimonial
Curitiba,____de _____ de _____.

em Reais

Ativo		Passivo	
Bens		Obrigações	
Caixa	7.500,00	Fornecedores	10.500,00
Matéria-prima	15.000,00	Empréstimos a pagar	12.000,00
Imóveis	45.000,00	Patrimônio líquido	
Máquinas e equipamentos	25.000,00	Capital social	70.000,00
Total do ativo	92.500.00	Total do passivo	92.500.00

4. d

5. a

6. a

Capítulo 3

Questões para revisão

1. Consiste no fato de que um débito, numa ou mais contas, deve corresponder a um crédito equivalente em uma ou mais contas, de forma que a soma dos valores debitados seja sempre igual à soma dos valores creditados. Não há débito(s) sem crédito(s) correspondente(s).

2. O nome da empresa, o CNPJ, o nome do demonstrativo e a data da apuração dos valores contábeis patrimoniais.

3. c

4. d

5. b

Capítulo 4

Questões para revisão

1. **Regime de caixa**: Reconhece a despesa ou a receita no momento do seu efetivo pagamento ou recebimento, respectivamente, considerando a movimentação financeira para o lançamento.

   Regime de competência: Reconhece a despesa ou a receita, independentemente do seu pagamento ou recebimento, respectivamente, considerando para o lançamento o período em que ocorreu.

2. b

3. d

4. a

5. São ocorrências ou acontecimentos durante a evolução patrimonial das empresas. Os atos administrativos não alteram o patrimônio da empresa; já os fatos administrativos alteram o patrimônio, podendo modificar o patrimônio líquido.

Capítulo 5

Questões para revisão

CMV = R$ 133.729,40

ICMS a recolher = R$ 157,83

Cofins a recuperar = R$ 835,78

PIS sobre faturamento a recuperar = R$ 181,45

Ficha de Controle de Estoque

Mercadoria: Cadernos

Método de controle: MPM

Ficha nº 001

Em Reais

Data	Histórico	Entrada			Saída			Saldo		
		Quant.	Custo unitário	Custo total	Quant.	Custo unitário	Custo total	Quant.	Custo unitário	Custo total
01/03	Estoque inicial							43.375	9,11	395.355,00
03/03	Venda de mercadorias				8.900	9,11	81.079,00	34.475	9,12	314.276,00
12/03	Compra de mercadorias	12.000	8,72	104.672,70				46.475	9,01	418.948,70
12/03	Frete s/compra mercadorias		0,26	3.150,00				46.475	9,08	422.098,70
19/03	Compra de mercadorias	45.000	7,97	358.627,50				91.475	8,53	780.726,20
21/03	Compra de mercadorias	22.000	7,92	174.134,40				113.475	8,41	954.860,60
28/03	Venda de mercadorias				28.000	8,41	235.480,00	85.475	8,42	719.380,60
31/03	Venda de mercadorias				19.500	8,42	164.190,00	65.975	8,42	555.190,60

Mercadorias		Fornecedores		ICMS conta gráfica	
395.355,00	480.749,00		143.880,00	25.898,40	15.567,17
104.672,70			455.400,00	480,00	73.328,47
3.150,00			239.360,00	54.648,00	34.085,84
358.627,50				43.084,80	
174.134,40					
555.190,60			838.640,00	1.129,72	

Cofins conta gráfica		PIS s/fatur. conta gráfica		Caixa	
10.934,88	9.859,21	2.374,02	2.140,49	129.726,40	4.000,00
304,00	30.960,91	66,00	6.721,78	284.048,70	
34.610,40	21.587,70	7.514,10	4.686,80		
18.191,36		3.949,44			
1.632,82		354,49		409.775,10	

Receita com vendas		ICMS s/vendas		Cofins	
	129.726,40	15.567,17		9.859,21	
	407.380,40	73.328,47		30.960,91	
	284.048,70	34.085,84		21.587,70	
	821.155,50	122.981,48		62.407,82	

PIS s/faturamento		Clientes		CMV	
2.140,49		407.380,40		480.749,00	
6.721,78					
4.686,80					
13.549,07		407.380,40		480.749,00	

Capítulo 6

Questões para revisão

1. d
2. a
3. c
4.

1ª Etapa: Lançamento dos fatos administrativos.

2ª Etapa: Lançamento das apropriações (ajuste de contas).

3ª Etapa: Levantamento do balancete de verificação.

4ª Etapa: Apuração do resultado.

5ª Etapa: Levantamento do balanço patrimonial.

6ª Etapa: Levantamento das demais demonstrações contábeis.

5. Tributação sobre faturamento, tributação sobre lucro, tributação de obrigações sociais.

Capítulo 7

Questão para revisão

Fortuna Certa S.A.
CNPJ 00.000.001/0004-00
Balanço Patrimonial

em Reais

	AV	AV	AH
ATIVO			
Ativo circulante	**34,68%**		**-34,207%**
Disponível	**0,90%**		**-96,584%**
Caixa	0,75%	2,16%	-94,165%
Banco conta Movimento	0,15%	0,43%	-98,891%
Valores a receber a curto prazo	**30,22%**		**49,689%**
Clientes	30,22%	87,13%	49,689%
Créditos a recuperar	**0,00%**	**0,00%**	**-100,000%**
ICMS a recuperar	0,00%	0,00%	-100,000%
Estoques	**3,56%**		**-29,398%**
Mercadorias	3,56%	10,27%	-29,398%
Ativo não circulante	**65,32%**		**1,668%**
Imobilizado	**65,32%**		**1,668%**

(continua)

	Móveis e utensílios	0,90%	1,37%	0,000%
(–)	Deprec. acum. móveis/utensílios	-0,28%	-0,44%	2,703%
	Imóveis	67,30%	103,04%	0,000%
(–)	Deprec. acum. imóveis	-5,83%	-8,93%	4,000%
	Veículos	2,47%	3,78%	0,000%
(–)	Deprec. acum. veículos	-0,58%	-0,88%	7,692%
	Computadores e periféricos	1,37%	2,09%	100,000%
(–)	Deprec. acum. comput./perif.	-0,02%	-0,03%	100,000%
Total do ativo				
PASSIVO				
Passivo circulante		**43,35%**		**-35,585%**
Obrigações diversas		**34,26%**	**79,05%**	**-46,339%**
	Fornecedores	17,54%	40,45%	-65,639%
	Notas promissórias a pagar	1,03%	2,37%	100,000%
	Financiamentos a pagar	22,43%	51,75%	0,000%
(–)	Juros transc. s/financ. a pagar	-6,73%	-15,53%	-30,000%
Obrigações trabalhistas		**3,00%**	**6,93%**	**-6,108%**
	Salários a pagar	2,21%	5,10%	-6,108%
	INSS a pagar	0,61%	1,42%	-6,108%
	FGTS a pagar	0,18%	0,41%	-6,108%
Obrigações tributárias		**6,08%**	**14,03%**	**2406,498%**
	ICMS a recolher	2,15%	4,97%	100,000%
	PIS s/faturamento a pagar	1,68%	3,87%	3774,213%
	Cofins a pagar	0,36%	0,84%	82,607%
	IRPJ a Pagar	0,93%	2,15%	100,000%
	Adicional de IR a pagar	0,40%	0,92%	100,000%
	CSLL a pagar	0,56%	1,29%	100,000%
Patrimônio líquido		**56,65%**		**14,064%**
Capital social		**67,30%**	**118,79%**	**0,000%**
	Capital social	67,30%	118,79%	0,000%
Lucros ou prejuízos acumulados		**-10,65%**	**-18,79%**	**-39,618%**
(–)	LPA	-17,63%	-31,12%	63,713%
(–)	Prejuízo do exercício	0,00%	0,00%	-100,000%
	Lucro líquido do exercício	6,98%	12,33%	100,000%
Total do passivo				

Fortuna Certa S.A.
CNPJ 00.000.001/0004-00
Demonstração do Resultado do Exercício

em Reais

		AV	AH
Receita operacional bruta		**100,00%**	**-54,287%**
	Receita com vendas	100,00%	-54,287%
(–)	**Dedução da receita operacional bruta**	**-23,39%**	**-53,397%**
	ICMS s/venda	-14,14%	-52,795%
	PIS s/faturamento	-7,60%	110,555%
	Cofins	-1,65%	-90,076%
(=)	**Receita operacional líquida**	**76,61%**	**-54,553%**
(–)	**Custo da mercadoria vendida**	**-33,21%**	**-78,787%**
	CMV	-33,21%	-78,787%
(=)	**Lucro operacional bruto**	**43,40%**	**260,795%**
(–)	**Despesas operacionais**	**-19,03%**	**-38,362%**
	com vendas	**-0,80%**	**199,454%**
	(–) Frete s/vendas	-0,80%	199,454%
	Administrativas	**-10,31%**	**-16,342%**
	(–) Salários	-6,08%	-6,108%
	(–) INSS	-1,69%	-6,108%
	(–) FGTS	-0,49%	-6,108%
	(–) Depreciação	-0,74%	8,350%
	(–) Telefone/telefonemas	-0,25%	100,000%
	(–) Combustíveis	-0,03%	100,000%
	(–) Material de limpeza	-0,18%	-70,100%
	(–) Material de expediente	-0,87%	-61,370%
	Financeiras líquidas	**-7,92%**	**-56,674%**
	(–) Despesas com juros	-7,92%	-60,000%
	(+) Receita com juros		-100,000%
	(–) PIS s/faturamento outras receitas		100,000%
(+)	(–) Cofins outras receitas		100,000%
(=)	**Resultado operacional líquido**	**24,37%**	**229,306%**
	(–) Provisão para IRPJ	-2,56%	-100,000%
	(–) Provisão para CSLL	-1,54%	-100,000%
	(–) Provisão para adicional de IR	-1,09%	-100,000%
	Prejuízo líquido do exercício	**19,19%**	**201,801%**

Cálculo dos Quocientes

$$QLI = \frac{\text{Disponível}}{\text{Passivo circulante}} \quad \frac{234.857,07}{599.966,38} = 0,39 \quad \frac{8.022,95}{386.467,02} = 0,02$$

$$QLS = \frac{\text{Ativo circulante} - \text{estoques}}{\text{Passivo circulante}} \quad \frac{425.011,95}{599.966,38} = 0,71 \quad \frac{277.462,95}{386.467,02} = 0,72$$

$$QLC = \frac{\text{Ativo circulante}}{\text{Passivo circulante}} \quad \frac{470.011,95}{599.966,38} = 0,78 \quad \frac{309.234,06}{386.467,02} = 0,80$$

$$QLG = \frac{\text{Ativo circulante} + \text{ativo não circulante} - \text{realizável a longo prazo}}{\text{Passivo circulante} + \text{passivo não circulante}} \quad \frac{470.011,95}{599.966,38} = 0,78 \quad \frac{309.234,06}{386.467,02} = 0,80$$

$$QPCT = \frac{\text{Passivo exigível total}}{\text{Patrimônio líquido}} \quad \frac{599.966,38}{442.812,23} = 1,35 \quad \frac{386.467,02}{505.087,19} = 0,77$$

$$QCE \quad \frac{\text{Passivo circulante}}{\text{Passivo exigível total}} \times 100 \quad \frac{599.966,38}{599.966,38} = 100\% \quad \frac{386.467,02}{386.467,02} = 100\%$$

$$ML \quad \frac{\text{Lucro líquido}}{\text{Vendas líquidas}} \times 100 \quad \frac{(61.173,34)}{547.125,00} = -11\% \quad \frac{62.274,96}{248.654,27} = 25\%$$

Relatório de análise:

- O relatório de análise deverá destacar os cinco fatores mais relevantes da análise;

- Aumento do lucro líquido de 201,8% no exercício 20_3 em relação ao exercício 20_2, o que ocasionou um aumento de 36% da rentabilidade em se comparando os dois exercícios sociais;

- Apesar da redução das vendas líquidas, houve uma redução maior ainda do custo da mercadoria vendida;

- Redução significativa das despesas operacionais, especialmente as despesas financeiras líquidas;

- Redução do nível de disponibilidades, devido a uma redução do passivo circulante. O quociente de liquidez imediata reduziu de R$ 0,39 (trinta e nove centavos) para R$ 0,02 (dois centavos), o que demonstra a utilização das disponibilidades para saldar a dívida do circulante;

- Uma inversão do financiamento da empresa, sendo que no exercício 20_2 havia R$ 1,35 (um real e trinta e cinco centavos) de capital de terceiros para cada R$ 1,00 (um real) de capital próprio investido. Já no exercício 20_3 existe apenas R$ 0,77 (setenta e sete centavos) de capital de terceiros para cada R$ 1,00 (um real) de capital próprio investido.

Sobre o autor

Carlos Alberto de Ávila é graduado em Ciências Contábeis (1996) pela Faculdade de Administração e Economia (FAE) de Curitiba, especialista em Contabilidade e Controladoria (1999) e Educação a Distância (1999) pela Universidade Federal do Paraná (UFPR) e mestre em Ciências Sociais Aplicadas na área de Instituições Políticas e Políticas Públicas (2005) pela Universidade Estadual de Ponta Grossa (UEPG). Exerceu atividades de consultoria contábil e, como professor da Escola Técnica da UFPR, atuou em cursos técnicos nas modalidades presencial e a distância, foi coordenador do curso técnico em Contabilidade no período de 2002 a 2004, coordenador administrativo em 2005, e coordenador do curso técnico em Gestão Pública entre 2005 e 2006. Atualmente, é pró-reitor de Planejamento e Desenvolvimento Institucional do Instituto Federal do Paraná (IFPR). A todas essas atividades alia uma profícua produção textual, o que se comprova pelo ritmo de suas publicações: *Responsabilidade fiscal, orçamento e auditoria* (2003); *Gestão contábil patrimonial* (2004); *Taxas, tributos, encargos, planejamento político e econômico* (2004); *Organização e técnicas comerciais* (2005), todos pela Editora Ibpex, *Contabilidade Básica* (2010) pela Editora Livro Técnico e *Gestão Orçamentária e Financeira* (2011) pelo Instituto Federal do Paraná.

Os papéis utilizados neste livro, certificados por
instituições ambientais competentes, são recicláveis,
provenientes de fontes renováveis e, portanto, um meio
responsável e natural de informação e conhecimento.

Impressão: Reproset
Junho/2023